本书是国家自然科学基金青年项目“中国在‘一带一路’OFDI存在风险偏好的悖论吗？评价指标构建与实证检验”（项目编号：71603194)和中央高校基本科研业务费专项资金武汉大学自主科研项目“中国在‘一带一路’OFDI的产业转移效应研究”（2017QN039）的部分研究成果。

中国企业在“一带一路”的国际化：理论、案例与实证

周伟 著

图书在版编目(CIP)数据

中国企业在“一带一路”的国际化:理论、案例与实证/周伟著.—武汉:武汉大学出版社,2021.3(2022.4 重印)

ISBN 978-7-307-22183-3

Ⅰ.中… Ⅱ.周… Ⅲ.企业管理—国际化—研究—中国
Ⅳ.F279.23

中国版本图书馆 CIP 数据核字(2021)第 047081 号

责任编辑:黄金涛　　责任校对:汪欣怡　　版式设计:马　佳

出版发行: **武汉大学出版社** (430072 武昌 珞珈山)
(电子邮箱: cbs22@ whu.edu.cn 网址: www.wdp. com.cn)

印刷: 武汉邮科印务有限公司

开本:720×1000 1/16　印张:11　字数:156 千字　插页:2

版次:2021 年 3 月第 1 版　2022 年 4 月第 2 次印刷

ISBN 978-7-307-22183-3　定价:35. 00 元

周伟，女，湖北松滋人。武汉大学经济与管理学院副教授，企业管理专业硕士研究生导师。法国巴黎十一大学(Universit é Paris-Sud 11)经济学博士，武汉大学管理学博士，法国巴黎萨克雷大学（Universit é Paris-Saclay）访问学者。2012年7月至今任教于武汉大学经济与管理学院。在《*Economics Bulletin*》、《世界经济研究》、《管理评论》、《科研管理》等期刊上发表论文20余篇，出版专著1部。主持国家自然科学基金青年项目、教育部留学回国人员项目、湖北省科技厅项目、武汉市科技局项目、中央高校基本业务经费武大自主科研项目等7项，参与国家自然科学基金项目、教育部人文社会科学项目等多项。主要研究方向为对外直接投资、技术创新、产学研合作等。

前　　言

“一带一路”倡议提出来后，中国企业在“一带一路”沿线国家的对外直接投资和国际贸易出现了快速的发展。“一带一路”地区未来也是中国企业国际化的重点区域。本书结合国际直接投资的相关理论和国际贸易的理论分析中国企业在“一带一路”地区的国际化，尝试将经典的理论与中国企业当下在“一带一路”沿线国家的直接投资和国际贸易结合起来展开研究。

本书分为理论与案例篇、现状与案例篇和实证分析篇。“理论与案例篇”从传统的国际直接投资理论(第一章)、发展中国家直接投资理论(第二章)、乌普萨拉模型(第三章)、新兴市场国家对外直接投资理论(第四章)、国际直接投资理论的新发展(第五章)等多个视角分析了多个经典的国际直接投资理论对中国企业在“一带一路”沿线国家直接投资的启示和借鉴意义。同时，也从国际贸易理论(第六章)的视角，探讨了经典的国际贸易理论对中国企业与“一带一路”沿线国家之间国际贸易的影响。接着，研究了中国企业在“一带一路”建设中的实践，对代表性的中国企业在“一带一路”沿线国家的国际化展开了多案例分析。最后，在“实证分析篇”分别运用计量经济学方法分析了中国企业在“一带一路”国际化的影响因素(第八章)、“一带一路”东道国的国家风险与中国在“一带一路”OFDI 的抵消策略(第九章)等。

本书受到了国家自然科学基金和中央高校研究基金武汉大学自主科研项目的经费支持，在此表示感谢！

在本书出版之际，要感谢武汉大学经济与管理学院的领导和同事！感谢我的导师吴先明教授在教学、科研工作中提供的指导和支持！感谢工商管理系主任刘林青教授、卫武教授和陶厚勇副教授在工作中给予作者的帮助和鼓励！感谢李燕萍教授、严若森教授、陈立敏教授、刘明霞教授、龚红教授、邓新明教授、李梅教授、赵奇伟副教授、陈建安副教授、温兴琦副教授、潘昆副教授、秦仪老师等同事对我的帮助和鼓励！感谢我的博士同学杨勇副教授、罗安娜副部长、熊灵副教授、胡晶晶副教授、胡玲燕老师、刘勇老师、许云老师等对我工作和生活的关心！感谢我的硕士研究生吴韵苗和徐子璇为本研究收集了相关资料。

同时，还要感谢我在法国攻博和访学期间结识的老师和同学，现在法国巴黎电信管理学院工作的 Grazia CECERE 教授、在法国 ISG 国际商学院工作的 Christine PRINCE 博士、在法国尼斯大学工作的 Samy GUESMI 副教授等对我的关心和帮助！感谢巴黎十一大学的老师 Bertrand BELLON 教授、Anne PLUNKET 教授、Nicolas SOULIE 副教授等对我的帮助和支持！

最后，还要感谢我的家人给予我的关心和理解！

周　伟

Véronique Wei ZHOU

2020 年冬于武汉大学　珞珈山　东湖畔

目　　录

理论与案例篇

现状与案例篇

实证分析篇

理论与案例篇

“一带一路”沿线国家大多是发展中国家，中国企业在“一带一路”的直接投资属于一个发展中国家对多个发展中国家的直接投资。20 世纪 60 年代美国学者斯蒂芬· 赫伯特·海默(Stephen Herbert Hymer)提出了著名的垄断优势理论，开创了国际直接投资理论研究的先河。时至今日，将近 60 年过去了，国际直接投资现象的蓬勃发展使得相应的理论研究一直是理论界关注的热点。一些经典的国际直接投资理论仍然能对现有的部分国际直接投资现象进行解释。尽管过去针对欧美日等发达国家跨国企业的研究所提出的国际直接投资理论，如海默的垄断优势理论、巴克利和卡森的内部化理论、邓宁的国际生产折中理论很好地诠释了如下一些问题：发达国家的跨国公司为什么要对外直接投资？这些发达国家的跨国企业怎样在对外直接投资的过程中克服外来者劣势？以及怎样在与当地企业和其他国家跨国企业的激烈竞争中存活下来？但这些理论只能部分地解释发展中国家的企业为什么要对外直接投资。按照中国商务部的数据统计，“一带一路”沿线国家特指亚洲、东欧和非洲共 64 个国家(未包括中国)。那么，这些针对发达国家跨国公司的国际直接投资现象进行研究得出的经典国际直接投资理论对中国企业在“一带一路”沿线直接投资有什么启发意义呢？

20 世纪 80 年代发展中国家跨国公司的兴起引起了一部分学者的注意，他们开始分析发展中国家的企业如何取得竞争优势并凭借这些竞争优势到其他发展中国家直接投资的现象。比较有代表性的两个理论分别是威尔斯(Louis T. Wells)的小规模技术理论和拉奥(Sanjaya Lall)的技术地方化理论。由于中国仍然是发展中国家，中国在“一带一路”沿线大多数发展中国家的直接投资现象能否用小规模技术理论和技术地方化理论来解释呢？本书将结合中国企业在“一带一路”沿线国家直接投资的多个案例展开分析，探讨能否从以上理论中得到启发和借鉴。

几乎在同一时间，Johanson 和 Vahlne 于 1977 年提出了乌普萨拉模型，该模型成为后来研究企业国际化的重要模型。之前关于国际直接投资理论的研究主要从宏观经济学的视角切入，乌普萨拉模型的出现正是该领域的研究从宏观层面转向微观企业层面的转折点。

随着 21 世纪新兴市场跨国企业(Emerging Market Multinational Enterprises，简称 EM MNEs)的兴起，国际直接投资的理论研究开始关注蓬勃兴起的新兴市场国家跨国公司，探讨它们为什么在不具备所有权优势的情况下仍然对外直接投资？这些企业是否有独特的竞争优势？Mathews 提出了 LLL 理论，认为新兴市场跨国企业的国际扩张是由资源联接(Linkage)、杠杆(Leverage)和学习(Learning)驱动的。中国作为最大的新兴市场国家，中国企业在“一带一路”直接投资能否从 LLL 理论中得到一些启发呢？这将是本章研究的几个要点之一。同时，著名的华人管理学家美国迈阿密大学管理学终身教授陆亚东(Yadong Luo)在研究新兴市场跨国企业的国际化时，提出了“跳板视角”(Springboard perspective)，形象地阐述了新兴市场国家的跨国企业作为国际直接投资市场的后来者，如何通过“跳板”行为克服其作为后来者的劣势。那么，跳板理论是否对中国企业在“一带一路”直接投资仍然具有启发作用呢？本部分将详细地回顾跳板理论，并研究跳板理论能否对中国在“一带一路”沿线国家的直接投资产生借鉴作用。

与此同时，国际商务领域里新的管理现象层出不穷，有一些学者针对这些新现象展开了研究，其中比较有代表性的现象是天生全球化(Born global)企业。最开始对天生全球化企业进行研究的学者是 Oviatt 和

McDougall，他们在 1994 年发表了《天生国际企业综述》的研究论文，详细分析了天生全球化企业。经典的国际直接投资理论主要专注于对大型的发展历史较久的跨国企业的研究，认为这些企业才具有国际化的竞争优势。然而，Oviatt 和 McDougall 另辟蹊径，他们关注中小企业，认为在现代通信技术发达、运输成本降低的情况下中小企业也有可能具备国际化的优势。天生全球化企业特指那一类成立不久，甚至从创立之日起就走上国际化道路的企业。Oviatt 和 McDougall 的研究非常具有现实意义，将国际化企业研究的视角从大型的成熟跨国公司转移到创立之初的中小企业上。另外，一个不容忽视的背景就是数字经济正在蓬勃兴起，数字跨国公司正处于快速的国际化过程中。传统跨国公司为了适应数字经济的环境，降低搜寻、沟通、交易的成本，也在积极地探寻数字化转型之路。因而，数字跨国公司和传统跨国公司的数字化转型正在成为当下国际商务领域的研究热点。那么，现有文献中有关天生全球化企业的理论、数字跨国公司的发展对中国企业在“一带一路”沿线国际化具有怎样的借鉴作用呢？接下来将对此进行研究分析。

本部分将详细回顾以上国际直接投资的经典理论，并进一步分析这些理论对当今中国企业在“一带一路”直接投资的借鉴意义。

第一章
传统国际直接投资理论与中国企业在“一带一路”的 OFDI

海默(S. H. Hymer)的垄断优势理论、巴克利(P. J. Buckley)与卡森(M. Casson)的内部化理论和邓宁(Dunning)的国际生产折中理论已成为经典的国际直接投资理论的代表。本章将在回顾以上理论的基础上，结合在“一带一路”沿线国家直接投资的代表性中国企业展开研究。

第一节　海默的垄断优势理论

海默(S. H. Hymer)的垄断优势理论产生之前，学术界根据国际资本流动理论来解释跨国企业为什么要跨出国门对外直接投资。然而，国际资本流动理论的研究假设前提是：不同国家的生产要素市场和产品市场都是完全竞争的，促使国际直接投资现象发生的根本原因是东道国与母国之间的资本丰裕程度存在差异。通常，资本短缺的国家利率较高，资本丰裕的国家利率较低。海默之前的学者认为，正是国家之间的利率差异使得资本从利率较低的国家流入利率较高的国家。这样，国际直接投资行为就发生了。但是，海默(S. H. Hymer)考察了当时在英国直接投资的美国跨国公司，他发现，在英国直接投资的美国跨国公司主要集中在少数几个行业，而且这些跨国公司对利率的变化并不敏感。因为对这些美国跨国公司而言，他们的资产一部分是母公司出资，另一部分是在英国当地筹资的。故而，海默(S. H. Hymer)认为，美国企业的对外直接投资行为并不能用国际资本流动理论来解释。在此基础上，当时美国麻省理工学院的博士生海默(S. H. Hymer)通过大量的实证研究，他的博士论文——《国内企业的国际经营：对外直接投资的研究》也正是在以上实证研究的基础上完成的。以这篇博士论文为起点，垄断优势理论开始被学术界广泛接受和研究。

海默(S. H. Hymer)指出，市场完全竞争的假设是不科学的。因为在完全竞争的市场中，生产投入要素没有差别，企业生产的产品完全同类，就不可能产生跨国公司。只有国际国内市场存在不完全竞争时，企业才有可能获得垄断优势，并跨越国界成为跨国公司去在东道国直接投资以利用其垄断优势，从而能够克服在东道国陌生的市场环境中经营的不确定性，获得利润。

海默(S. H. Hymer)详细地分析了市场不完全竞争产生的四个原因：不完全竞争的产品市场、不完全竞争的要素市场、规模经济和政策原因造成的市场不完全竞争等。其中，不完全竞争的产品市场可能因为产品本身比较独特，具有其他企业所不具备的特征，比如可口可乐公司的配方具有独特性，因而能在全球市场直接投资。不完全竞争的产品市场也可能是因为产品的商标具有明显的差异性，比如星巴克的商标与众不同，比其他咖啡企业的产品更有特色和优势。当然，这一产品市场的不完全竞争也可能来源于特殊的管理技能或价格联盟，管理能力的提高和管理方式的创新能有效提高管理的水平，能够管理庞大的全球市场和员工众多的大型组织结构，这本身就构成了一种竞争优势。另外，要素市场不完全竞争有可能是因为在资本市场上的便利，其更易于获得大量的资金。要素市场不完全竞争还可能是因为企业所拥有的受专利制度保护的技术不同所带来的市场不完全竞争。比如苹果公司拥有大量的专利技术，2018 年苹果公司就获得了 2000 多项专利技术，在美国企业里面排名第十。在市场不完全竞争产生的原因中，规模经济造成的市场不完全竞争最为直观。例如沃尔玛在全球的大规模扩张，在商品采购环节就具备规模经济优势，使得购买的产品价廉物美，在零售行业更具有价格优势。最后，政策原因造成的市场不完全竞争不容忽视。在经济全球化的今天，一些发展中国家为了吸引更多的跨国公司到当地投资纷纷出台了一系列优惠政策。这些优惠政策包括税收、利率和汇率等。对于一些在东道国直接投资并将最终产品出口的跨国公司而言，关税方面的优惠政策也非常具有吸引力。世界上的一些“避税天堂”(Tax haven)以其在税收方面的优惠政策获得了大量跨国公司的青睐。这些“避税天堂”通常都是较小的沿海国家或内陆国家，它们在生产要素方面的资源禀赋比较缺乏，如缺少自然资源、人口稀少。这些国家在税收方面的优惠政策吸引了较多国家的企业对其直接投资。世界上的“避税天堂”主要分布在一些欧洲小国和加勒比地区。欧洲小国的“避税天堂”包括摩纳哥、列支敦士登、马恩岛、安道尔和海峡群岛等。而加勒比地区的“避税天堂”则包括百慕大、英属维尔京群岛、开曼群岛、巴哈马、荷属安的列斯等。

市场的不完全竞争使得跨国公司拥有了垄断优势，而垄断优势也成为了跨国公司对外直接投资的关键影响因素。海默(S. H. Hymer)对垄断优势进行了总结，认为跨国公司的垄断优势可能来源于五个核心方面，分别是技术优势、工业组织优势、管理优势、资本优势和原材料优势。首先，技术优势主要来源于生产秘密、组织管理方面的技能和市场方面的技能等。以中国中药行业著名的老字号同仁堂为例，创建于 1669 年的同仁堂已经经历了 351 个春秋，是名副其实的百年企业。根据北京同仁堂国药有限公司 2018 年年报显示，同仁堂不仅在中国获得了全面广泛的发展，而且已经投资到国外 28 个国家和地区，开设了 149 家零售店，同仁堂的商标也因此在世界 100 多个国家和地区完成了商标注册。同仁堂的对外直接投资正是因为它独特的中药配方，中药配方是中国中药企业在生产过程中形成的秘密技术优势。其次，工业组织优势可能来源于企业生产的规模经济、寡头垄断市场结构和垄断竞争行为等。以全球飞机厂商为例，波音和空客是典型的拥有寡头垄断市场结构和行为的垄断企业。波音和空客也因此在飞机制造市场上具有绝对的工业组织优势。第三，管理优势指组织拥有的管理大型企业的优势。这一优势表现在组织的管理能力方面，具有管理庞大的分布在世界多地的组织结构的能力。第四，资本优势特指企业能够比较容易的以较低的成本获得资金的优势。在对外直接投资中，特别是基础设施领域，往往需要大量的前期资金投入。较易获得贷款利率低的足够资本本身就是一种竞争优势。第五，原材料优势包含易于获得特殊原材料的优势。截至 2019 年 10 月 31 日，茅台酒已经出口到 44 个“一带一路”沿线国家，在国外建立了多家海外专卖店。2005 年，茅台酒与法国卡慕公司合作进入了 30 多个国家。法国卡慕公司是全球免税店的渠道经营商，通过与该公司的合作，茅台酒成功进入 60 多个国际机场的 300 多个免税店。2013 年 5 月，茅台酒还收购了法国波尔多的海玛酒庄。以法国为例，茅台酒在巴黎就有两家专卖店，还拥有覆盖全法国的销售网络。那么，茅台酒的国际化优势来源于哪里？特殊的原材料优势是茅台酒得以国际化的优势之一，茅台酒不仅仅拥有独特的传统酿造技艺、酿造方法，而且与当地的自然资源密切相关，如赤水河水、气候环境等。茅台酒的生产具有季节性，通常端午节踩曲，重阳节投料。所有，这些独特的原材料优势造就了茅台酒长盛不衰的竞争优势。海默(S. H. Hymer)认为以上五个方面是跨国公司对外直接投资的垄断优势的关键来源，而这五个方面的竞争优势也能解释一部分中国企业的对外直接投资。

垄断优势能帮助跨国公司抵消在国外直接投资的额外成本，在与当地企业的激烈竞争中生存下来，并且保障对外直接投资的收益。遗憾的是，1934 年出生的海默(S. H. Hymer)于不惑之年(1974 年)因美国纽约州山达肯的一场车祸而去逝。海默(S. H. Hymer)的导师金德尔伯格(C. P. Kindleberger)大力推崇垄断优势理论，使得垄断优势理论在西方经济学界产生了较大的影响。垄断优势理论也因此被称为现代国际直接投资理论的起源。海默(S. H. Hymer)则被西方经济学界称为跨国公司理论之父。

接下来，有一部分学者也对跨国公司和国际直接投资的理论研究产生了浓厚的兴趣，他们在垄断优势的基础上进行了演化和发展。在众多学者的研究中，以约翰逊(H. G. Johnson)的核心资产论(Johnson，1970)最为有代表性。该理论认为，知识是跨国公司对外直接投资的垄断优势。而构成垄断优势的知识主要包括专有技术、组织管理技能和销售技能等无形知识。跨国公司因为拥有知识资产并能决定知识资产的应用而具备垄断优势。知识资产不同于其他资产，它的生产成本较高。但在对外直接投资的过程中，使用知识资产的边际成本较低，一些数字知识资产的边际成本甚至为零。知识资产也可以同时在不同国家和区域使用。因而，在国外的子公司能以较低的成本或零边际成本使用跨国公司的知识资产，而东道国当地企业则不具备这一优势。在国外的跨国企业子公司能借助知识资产的使用获得较高的效率和绩效，克服自身的外来者劣势。

第二节　内部化理论

到了 20 世纪 70 年代，英国学者巴克利(P. J. Buckley)和卡森(M. Casson)在垄断优势理论和不完全竞争市场理论的基础上进一步展开了深入的研究，这些研究体现在他们出版的学术专著——《跨国公司的未来》中。正是在该书中，巴克利(P. J. Buckley)和卡森(M. Casson)提出了著名的内部化理论。与垄断优势理论的假设前提比较一致，内部化理论的前提条件也是假设市场存在不完全竞争。垄断优势理论和内部化理论的区别在于，垄断优势理论认为不完全竞争的市场环境使企业拥有了垄断优势；而内部化理论则强调市场中存在的不完全竞争会使企业将垄断优势限制在企业组织内部使用，从而获得竞争优势。当企业跨越国界在组织内部使用垄断优势时，企业就变成了跨国公司。内部化理论指出，不完全竞争的中间产品市场是推动企业内部化使用垄断优势的原因。巴克利(P. J. Buckley)和卡森(M. Casson)所提到的中间产品，不仅包括原材料、半成品、零部件，还包括专利、专用技术、管理技能、商标和市场信息等知识产品。他们认为，这一类中间产品因为市场不完全竞争，当企业把知识产品拿到企业组织之外的外部市场进行交易时，就有可能泄露企业的核心技术等。而且对专利、商标、专用技术、管理技能、商誉和市场信息等知识产品是无形的中间产品，将它们放到外部市场交易也存在定价的困难。因而，从保护核心竞争优势的角度出发，企业倾向于将知识产品等限制在企业内部使用，即将知识产品的配置和使用置于统一的所有权之下。当企业对外直接投资时，将一部分知识产品在国外全资子公司中使用，既避免了定价的困难，又防止了核心知识的泄露。当跨国公司在多个国外子公司中使用知识产品获得利润时，既降低了交易成本，又使得知识产品得到了充分的市场应用，有助于企业弥补获得这些知识产品的前期投入并获得丰厚的利润回报。从这里可以看到，科斯(R. H. Coase)的交易成本理论被内部化理论借鉴了。巴克利(P. J. Buckley)和卡森(M. Casson)正是将交易成本理论引入了跨国公司的国际直接投资领域的研究。

可以看出，内部化理论的关键是对中间产品的界定以及如何将中间产品限制在跨国公司的多国组织内部使用。在经济全球化的今天，跨国公司纷纷对企业的技术、商标等申请了大量专利，以保护企业的核心知识产权。核心知识正是跨国公司得以对外直接投资的关键中间产品。2019 年 3 月，世界知识产权组织公布了 2018 年企业的全球国际专利申请排名。其中，华为在 2018 年申请了 5405 项国际专利，称为全球国际专利申请排名的第一名。排名前十名的企业还包括日本三菱，美国英特尔、高通，中国的中兴、京东方，韩国三星、LG，瑞典的爱立信，德国的博世等。如今，跨国公司的竞争主要是创新能力和核心技术的竞争，这些专利申请排名前十位的企业也正是当今世界全球化经济的弄潮儿。自 2013 年习近平主席提出“一带一路”倡议以来，中国对“一带一路”沿线国家的直接投资实现了快速、稳步的增长。那么，中国企业在“一带一路”地区的直接投资是否能从内部化理论中得到一些借鉴和启发呢？本章将在后续展开研究。

第三节　国际生产折中理论

“二战”结束后，世界经济百废待兴，美国、欧洲和日本的跨国公司迅速崛起。美、欧、日跨国公司在国际直接投资市场上展开了激烈的竞争。关于国际直接投资现象和理论的研究成为了学术界研究的热点。跨国公司的迅速发展使其成为了世界经济的弄潮儿，它们在世界各地组织国际生产，在全球销售产品，在遍布世界各地的组织内部转移技术，也推动了跨国公司内部跨越国界的国际贸易，如从其他子公司或母公司中进口原材料或将中间产品销售给另外的子公司等，取代了一部分外部市场的国际贸易。伴随着国际直接投资现象的蓬勃发展，试图解释这一现象的综合理论——国际生产折中理论应运而生。

1977 年，英国学者约翰·邓宁(J. H. Dunning)在一篇论文《贸易、经济活动的区位和跨国企业：折衷理论探索》中提出了国际生产折中理论。邓宁(J. H. Dunning)认为，20 世纪 60 年代以来的国际直接投资理论针对的研究对象存在差异，它们分别以不同时期或者不同国家的跨国公司为研究对象展开研究。因而，在这些不同研究对象基础上得出的理论不具有普遍解释性。如：海默(S. H. Hymer)是在市场存在不完全竞争的假设条件下，从产业组织理论的视角研究跨国公司对外直接投资的垄断竞争优势；巴克利(P. J. Buckley)和卡森(M. Casson)在新厂商理论的基础上，探讨了当中间产品市场存在不完全竞争的情况下，跨国公司对使用知识资产的决策行为。邓宁(J. H. Dunning)指出，这些理论都如同盲人摸象一样，这些理论具有一定的片面性，都只能对跨国公司的对外直接投资现象进行部分地诠释，难以成为跨国公司对外直接投资理论的一般性理论。同时，他认为，同一企业可能同时面临着国际直接投资、国际贸易和向国外厂商发放许可证等多种选择，不能割裂开来展开研究。因此，邓宁(J. H. Dunning)希望建立一个综合性的理论，能融百家之所长，全面解释跨国公司为什么在多种国际化方式中选择对外直接投资的方式进入国外市场？以及跨国公司要具备哪些前提条件才能到国外市场直接投资以克服外来者劣势并获得足够的利润？因而，产生了国际生产折中理论。

邓宁(J. H. Dunning)最大的贡献在于提出了国际生产折中理论，而且他在该理论中总结归纳了三类特定优势，它们分别是所有权优势、内部化优势和区位优势。所有权优势通常指跨国公司本身所具备的一些资产及这些资产的所有权所形成的一类特定优势，而且，所有权优势又可以分为两类，第一类是不论企业采用哪种国际化方式都能为企业产生收益的所有权优势，这一类所有权优势包括技术、商标、生产规模和管理技能等。比如耐克通过授权商标的形式与国外的生产厂家合作。由于耐克的商标本身就属于所有权优势，它可以为耐克和国外生产厂家带来竞争优势，也可以在国际贸易中获得溢价，或用于发放授权许可书。第二类所有权优势只能在国际直接投资的过程中才能产生收益，带来竞争优势。比如在东道国建立子公司生产产品并在当地销售，这样可以节约跨国公司的运输成本和交易成本。垄断或靠近跨国公司生产所需的原材料市场或销售市场也是竞争优势的来源之一。因为一旦企业在东道国直接投资，建立厂房，生产适合东道国消费者的产品，并在东道国市场销售。那么，这一过程就使得从生产基地到达消费者的运输成本大大降低。邓宁(J. H. Dunning)对所有权优势的总结是在海默(S. H. Hymer)的垄断优势理论的基础上发展而来的。当前，中国企业在"一带一路"沿线国家直接投资是否也具备一些所有权优势呢？本章将会寻找这一问题的答案。

内部化优势特指跨国企业将其拥有的所有权资产在遍布世界的组织内部进行使用而带来的特定优势。这种在组织内部使用特定优势的过程叫做竞争优势的内部化，而内部化的关键原因是因为组织之外市场中存在不完全的竞争。邓宁(J. H. Dunning)指出，外部市场的不完全竞争也可以分为两类：结构性的市场不完全竞争和知识性的市场不完全竞争。其中，外部市场中出现的竞争壁垒、较高的交易成本等导致了结构性的市场不完全竞争，而与生产技术、销售技能等价值链环节密切相关的知识资产的保密性、不宜获得性导致了知识性市场的不完全竞争。可见，邓宁(J. H. Dunning)在内部化优势方面的归纳来源于巴克利(P. J. Buckley)和卡森(M. Casson)的内部化优势理论。

区位优势特指跨国企业在选择对外直接投资的区位时所产生的特定优势。广义的区位优势不仅包括直接区位优势，也包括间接区位优势。其中，直接区位优势源于东道国具有一些有利于跨国企业在当地直接投资的因素，如廉价的劳动力、庞大的市场规模、各级政府的优惠政策和容易获得的丰富的原材料等。相反，间接区位优势是指跨国企业在东道国直接投资可能会遇到的一些不利于直接投资的因素，如将产品运输到国外市场的成本较高、国家或区域之间的贸易壁垒较高等。由此可见，区位优势关键取决于跨国企业在东道国直接投资可能遇到的一些有利或不利的因素。“一带一路”沿线一共有 64 个东道国，这些东道国对于中国企业而言，存在哪些区位优势呢？本章将对此问题展开研究。

实际上，所有权优势、内部化优势和区位优势作为国际生产折中理论的核心要素，三者之间存在内在的逻辑联系。首先，正是由于世界产品和要素市场的不完全竞争使得跨国公司拥有了到国外市场直接投资的所有权优势。这类所有权优势能帮助跨国企业在东道国市场上与当地企业或其他国家跨国公司竞争，克服跨国企业自身因为对东道国市场的文化、习俗、规范、法律等不熟悉而产生的外来者劣势，使跨国企业在东道国市场上仍然有利可图。因而，跨国企业对外直接投资的必要条件就是拥有特定的所有权优势。其次，即使企业拥有所有权优势，也可以通过国际贸易或对外发放许可证的方式获利，那为什么要选择对外直接投资呢？只有在理论中引入内部化优势才能解释跨国公司在国际化的方式选择中对外直接投资优于国际贸易或对外发放许可证。再次，同时拥有所有权优势和内部化优势的企业也可能不选择对外直接投资，而是将这两种优势用于国内生产的竞争。只有考虑了东道国的区位优势才能解释跨国公司为什么要将以上两种优势以对外直接投资的形式运用到国外市场中。因此，在解释跨国企业对外直接投资的动机和必要条件时，需要结合所有权优势、内部化优势和区位优势进行全面地阐述。

第四节 中国企业在“一带一路”OFDI 的竞争优势

一、中国企业在“一带一路”沿线国家直接投资的要素市场不完全竞争与资本优势

当前，中国企业在“一带一路”沿线国家直接投资，相较其他发达国家

跨国公司而言，更容易获得中国进出口银行的融资。而且，中央企业仍然是在“一带一路”沿线国家直接投资的主力军。截至 2020 年 1 月，在“一带一路”沿线国家投资的中央企业已经达到了 81 家，它们承担的项目数超过了 3400 项。这些中央企业参与的重点“一带一路”项目包括中白工业园、内马铁路一期、中老铁路和比雷埃夫斯港等。基础设施建设和能源资源合作是中央企业在“一带一路”实施国际化战略的关键领域。其中，在基础设施建设领域，中央企业承担了“一带一路”建设项目数的 60%以上，所涉及的合同金额超过了 80%。同时，在能源资源合作方面，中央企业已经在 20 多个“一带一路”沿线国家展开了 60 多个油气合作项目。在资本要素市场上，中国企业比其他国家的企业更具备资本优势。亚洲基础设施投资银行、丝路基金等金融机构将为“一带一路”沿线国家的基础设施建设提供大量的资金支持。亚洲基础设施投资银行能为企业提供长期的低息贷款，降低了企业的资金成本；而丝路基金可以发行中长期的股权投资，为企业在“一带一路”直接投资提供资本优势。

二、中国企业在“一带一路”沿线国家直接投资是否存在垄断优势或所有权优势?

海默(S. H. Hymer)认为，技术优势、管理优势、工业组织优势、资本优势和原材料易得性等优势构成了跨国企业国际直接投资的垄断优势。在国际生产折中理论中，邓宁(J. H. Dunning)指出，国际直接投资、国际贸易或发放许可证都能使企业运用到相关的所有权优势获利，这些优势包括技术、生产规模、商标、商誉和管理技能等。但也有一部分所有权优势只能在国际直接投资过程中才能发挥作用，即跨国企业在靠近消费市场的东道国建立子公司，通过国际生产降低产品的运输成本和交易成本而形成竞争优势；或者在靠近原材料市场的地方实现国际化生产形成竞争优势等。可见，垄断优势或所有权优势涉及的范围比较广泛，不仅指技术、管理、资金、原材料、规模、商标、商誉，还涉及到运输、产品、市场、生产过程等。在以上某一方面或几个方面具有特别优势的企业即可称为拥有垄断优势或所有权优势。那么，中国企业在“一带一路”沿线国家直接投资是否存在垄断优势或所有权优势呢？

以华为为例，作为中国优秀的民营企业代表，华为已经在“一带一路”地区展开了直接投资。“一带一路”地区对通讯基础设施建设的大量需求为华为带来了巨大的发展机遇。自 1996 年开始，华为就积极地实施国际化战略。华为最先进入的是发展中国家市场，华为在这些国家以提供较高性价品德产品树立了良好的品牌形象；然后，进入发达国家发展。因此，华为的国际化战略采用的是先进入亚非拉市场，后进入欧美市场的发展路径。华为在直接投资的过程中非常重视打造自主品牌，注重自主研发，严格控制核心技术，通过不断推出自主产品走向国际市场。

华为在“一带一路”地区直接投资的历史较久，可以追溯到 1997 年。当时，华为与俄罗斯乌法市的“贝托”股份公司成立了合资企业，其中华为占股 70%。“贝托”股份公司是当时俄罗斯主要的电信设备生产商。华为与“贝托”股份公司的合资企业从事通讯网络研发、设计、生产、销售、安装和售后服务等。当前，华为已经成为中国具有全球业务规模的企业之一。在世界通讯市场上华为占有 30%的市场份额。在欧洲市场上，在蜂窝基础设施领域华为占到了市场的 40%。在 5G 技术方面，华为拥有超过三分之一的专利；而在 5G 技术领域美国企业所拥有的专利仅仅占到 13%。华为已经在俄罗斯莫斯科和圣彼得堡等地建立了多家研发中心，员工人数达到了 900 人左右。

1997 年，华为进入了邻国哈萨克斯坦的电信市场。哈萨克斯坦的信息技术行业发展比较缓慢，在该国通讯行业属于国家垄断行业。目前，哈萨克斯坦唯一的电信公司——哈萨克斯坦电信公司获得了哈萨克斯坦政府的许可，成为在哈萨克斯坦国内能够运营 4G 网络的唯一一家电信企业。通过多年的发展，华为已经在电信领域拥有了先进的技术，形成了较强的对外直接投资的竞争优势。而且，华为在哈萨克斯坦多年来参与项目运营、管理等获得了丰富的实践经验。通过与哈萨克斯坦电信公司合作，华为已经签署了哈萨克斯坦国内的 4G 网络建设工程，成为华为在东亚地区中标的最大的通信网络项目。该项目所建设的4G网络将覆盖哈萨克斯坦全国（檀雨灵，2018）。

从20世纪90年代开始，华为就开始进入欧洲市场。目前，在欧洲市场设立了两个地区总部，分别在波兰和德国。2019年，华为在欧洲市场提供了22.43万个左右的工作岗位，在11个欧洲国家或地区拥有工人达8500人左右。自2010年以来，华为与100多家研究机构和大学在计算机领域合作，投入的创新研究项目经费超过10亿美元。2019年，华为已经成为欧洲研发投入位列第五的公司。由于美国商务部对华为的限制，在最新的华为智能手机上不能访问Google play商店。华为因此开发了应用程序商店App Gallery，作为替代Google Play的应用程序平台。当前，每月大约有4.8亿人成为华为开发的App Gallery的活动用户。其中，有将近3300万活动用户分布在欧洲。华为比较重视欧洲市场的直接投资，未来计划在欧洲建立8家旗舰店和42家零售店。这些旗舰店将会分布在英国、法国、德国、意大利、西班牙和比利时等欧洲国家。

自1998年开始，华为进入了非洲市场，成为非洲最大的电信设备供应商。华为为非洲市场提供了价位较低、高质量的设备，而且华为具备在相对偏远地区工作的经验。华为在非洲销售的产品从海底电缆到移动智能手机等多种产品，并能对项目提供有中国政府支持的融资。这成为华为与爱立信、诺基亚公司竞争的优势。经过20多年的发展，华为已经成为了非洲大陆增长的核心支柱。当前，华为已经在非洲大陆建设了超过半数的4G网络。在非洲的54个国家中，华为已经在40个国家承担了项目运营工作。

华为非常注重核心技术的研发，在欧美多个国家成立了研发中心，投入研发的经费占到了年销售额的10%以上。华为有联合创新中心36个，研发中心15个。华为还与通信领域的其他公司达成了一系列知识产权的交叉许可协议。华为在年度可持续发展报告中统计，截至2019年底，华为在全球拥有19.4万员工，研究开发人员高达9.6万人左右。可见，在华为庞大的全球员工队伍中，将近49%的员工从事研究开发工作。2019年华为在国外招聘了大量员工，总数高达3.7万人。而且，华为非常注重员工的本土化，华为在国外的员工已经实现了67%的平均本土化率。华为已经在国外170多个国家和地区进行了对外直接投资，其电信服务已经覆盖了全球三分之一以上的人口。

“一带一路”倡议横跨欧亚非三大陆，旨在实现欧亚非之间的互联互通。华为已经在欧亚非大陆上都开展了国际化业务。华为在海外扩张主要基于其强大的研发队伍、核心技术等垄断优势或所有权优势。可见，一部分中国企业在“一带一路”直接投资也是源于技术、专利等方面的垄断优势或所有权优势。

三、中国企业在“一带一路”沿线国家直接投资拥有内部化优势吗?

巴克利(P. J. Buckley)和卡森(M. Casson)、邓宁(J. H. Dunning)等关于内部化优势的阐述都是指跨国公司将其拥有的资产及其所有权加以内部使用而带来的特定优势。简单的讲，就是跨国公司在长期的经营中因为资产或所有权获得了垄断优势，并通过跨国直接投资的形式将垄断优势限制在企业组织内部使用，从而形成的独特的竞争优势。

1. 同仁堂的国际化扩张

同仁堂是进入“一带一路”地区的发展历史较长的中国企业，创立于1669年，并于1993年开始国际化。1993年，同仁堂在中国香港的药店成立。从1993年到2015年的20多年间，同仁堂有110家分店陆续在国外建立。同时，同仁堂也非常重视知识产权保护，同仁堂商标在这段时期已经在世界70多个国家完成了注册。同仁堂还积极在其他国家进行技术认证，这些国家包括澳大利亚、以色列和日本等。这一时期，同仁堂出口的中药品种高达680种(刘青山，2015)。在国际化发展的初级阶段，同仁堂优先进入心理距离和地理距离较近的华人较多的东南亚国家，这些国家包括新加坡、马来西亚和泰国等。国外华人对中药的认可程度较高，因此，同仁堂这一时期主要服务于国外的华人华侨群体。2003年，同仁堂完成了在中国香港的上市，同时成立了同仁堂国际公司，加大了在东南亚国家的直接投资，开设了较多的门店。2010年底，同仁堂在加拿大多伦多开设分店。2012年8月，同仁堂首家欧洲分店在波兰华沙开设，从而成功进入了欧洲市场。随后，同仁堂在捷克和瑞士都开设了分店。2014年，同仁堂开始在中国香港成立养生中心，以养生保健为主体开发新的发展模式。随后，几家养生中心陆续在荷兰、波兰等欧洲国家成立。同仁堂试图从中医药的养生保健功能出发，将养生保健融入到当地消费者的生活中，从而，获得更加广泛的市场认可。同仁堂在国外的服务不仅包括中医药销售、养生保健，也包括中医诊疗、医学教育和中医药传统文化传播等。2016年，同仁堂在美国多个城市和加拿大的一些城市开设了多家分店，集治疗诊断、中医药零售、中医药研究与文化于一体，全面推广中医药文化。紧接着，同仁堂开始进入非洲市场，仅仅在南非就成立了5家分店，分布在南非的三个不同城市：比勒托尼亚、约翰内斯堡、德班。2017年4月，同仁堂在南非开设了第六家分店，不同于之前的五家分店，同仁堂在南非的第六家分店主要提供中医针灸治疗和中医药文化传播服务等功能。这家店命名被为北京同仁堂中医针灸中心及同仁堂博物馆。在亚洲的哈萨克斯坦，2017年6月由多方企业和医院签署战略合作协议成立了同仁堂中医健康中心(孙莉，2017)。这一健康中心由北京同仁堂欧洲控股有限公司、哈萨克斯坦共和国总统事务局医学管理中心医院、中信哈萨克斯坦有限责任公司等三方共同成立。2017年9月，同仁堂以中东欧国家黑山为中心，在黑山及其他周边国家均注册了同仁堂商标。同仁堂不仅与黑山的中国中医院一起成立了北京同仁堂(黑山)中医药发展中心，而且以黑山为中心在其他中东欧国家销售同仁堂产品。中医药产品的价值链环节涉及中医药的种植、中成药生产、中医药销售、诊疗服务等多个环节。同仁堂也开始在开设分店的国家寻找本地化种植、生产加工等方面的合作。2018年11月，同仁堂在欧洲的另一家合资企业——北京同仁堂吉奥明有限公司在意大利成立，从此进入了意大利市场。截至2019年，同仁堂的对外直接投资取得了快速发展和较好的业绩，已经在国外100个国家和地区完成了同仁堂商标的注册，在海外 30 多个国家和地区建立了 150 余家分店，提供的诊疗服务累计可达 3000 万人次(魏婧，2019)。

2. 同仁堂的国际化模式

除了以对外直接投资的形式在国外开设全资子公司，与当地企业合资等实体店的运作模式之外，在数字经济蓬勃发展的背景下，同仁堂也积极寻求跨境电商的线上发展模式。2016 年 12 月，同仁堂的“跨境电商中医药走出去平台”正式上线，开始了传统对外直接投资模式与“互联网+”模式相结合的新发展形式。在原材料方面，同仁堂整合国内的优秀中药厂商，直接供货给全球用户，缩短了供应渠道，降低了成本。同时，同仁堂在全球广泛布局的门店、仓库能为在线平台实现高效的配送。同仁堂通过建设老字号跨境电商平台和中医药走出去平台，实现了国内外健康产品和中医药服务的互联互通。

同仁堂的国际化之路是先出口，将中医药产品销售到国外市场；然后在当地开设药店、诊所，实现对外直接投资；接着，通过义诊、讲座等形式让外国消费者体验正宗的中医药服务，相当于在当地的营销推广；最后，让国外消费者接受中医药产品，使中医药产业在当地立稳脚跟，类似于品牌推广和文化传播。作为中医药企业的典型代表，同仁堂以多种不同的模式进入了国际市场，这些模式包括中医药产品销售、中医诊所、健康养生中心、医疗培训中心和中医药传统文化传播中心等。不仅如此，同仁堂还积极开发了多种现代养生保健产品，尝试通过保健养生的形式融入当地消费者的生活，获得更多国外消费者的认同。而且，同仁堂还与美国的一些知名大学开展中医药科研合作，这些关注中医药的大学包括美国斯坦福大学、纽约大学、加州 Western 药学院等。它们集中对中医药产品的安全性和作用机理展开实验研究。另外，同仁堂还在东道国的一些主流大学的医学院展开中医药教育和培训项目，为当地培育中医药方面的人才，扩大中医药在当地的影响力。

3.“一带一路”倡议下同仁堂在对外直接投资中的内部化优势

作为百年老字号的同仁堂在国际化的过程中非常注重产品品质。同仁堂的中医药生产线通过了一系列认证，这些认证包括日本、中国香港地区、澳大利亚等国家和地区的相关认证。而且，同仁堂的片剂生产线在2016年通过了欧盟GMP认证，获得了欧盟权威机构的认可。同仁堂在中国香港的生产研发基地也通过了ISO22000和HACCP等国际最高标准的认证。在三百多年的发展过程中，同仁堂形成了高品质的产品、中医药方面的专业技术优势等所有权优势。自1993年开始的国际化战略中，同仁堂将这一优势在组织内部加以运用，形成了特有的内部化优势。同仁堂的内部化优势正是其克服东道国市场外来者劣势的根本。

从1993年开始，同仁堂就开始了对外直接投资的道路。“一带一路”倡议的实施更将为同仁堂的国际化推波助澜。同仁堂在国际化的过程中不仅仅向国外的华人华侨销售中医药产品，也逐渐获得了一些国外当地消费者的信赖。同仁堂在国外实现了中医药种植、原材料采购、中医药研发、生产、销售，提供诊疗服务，传播中医药文化，培育更多国际化的中医药人才。同仁堂以中医药为主营业务，以自身的技术优势作为竞争优势可以与“一带一路”沿线国家开展紧密地合作，寻求在当地种植、建设本地化工厂的形式开展绿地直接投资。借助东道国主流媒体的宣传营销，组织中医药领域的专家学者到国外知名大学进行中医药讲座、开展义诊咨询、建立中医药博物馆等多种形式，解决中医药“走出去”最困难的文化认同问题。北京同仁堂国药首席执行官CEO丁永玲提出，以健康连接世界，实现“国相交”“民相交”“心相遇”，是同仁堂与‘一带一路’倡议的最大契合。中医药是中国特色的产品，是中医药企业对外直接投资的所有权优势，通过在跨国组织内部使用形成了高效的内部化优势，正是中国中药企业走出去的核心竞争优势所在。

四、“一带一路”沿线国家的区位优势

根据2015年国家发展改革委、外交部和商务部联合发布的《推动共建

丝绸之路经济带和21世纪海上丝绸之路的愿景与行动》对“一带一路”基本地理路线的界定，“一带一路”沿线国家包含中国在内的65个国家，横跨欧亚非大陆。

1.“一带一路”沿线国家自然资源丰富

“一带一路”地区矿产等自然资源丰富。“一带一路”沿线国家包含丰富的能源资源，化石能源产量占到了世界产量的一大部分。2015年，全球化石能源产量113.9亿吨油当量。其中，“一带一路”沿线国家生产的化石能源为69.27吨，占全球化石能源产量的60.81%。石油输出国（OPEC）主要集中在“一带一路”沿线的中东地区；俄罗斯、阿塞拜疆、哈萨克斯坦、土库曼斯坦是石油和天然气输出国，中国是世界上第四大石油生产国。在石油生产方面，2015年中东和埃及生产了全球33%的石油，俄罗斯、阿塞拜疆和中亚国家生产了世界石油的15.6%；世界上7.4%的石油由东亚和东南亚国家生产。可见，世界石油46%的产量都源自“一带一路”沿线国家。仅以沙特阿拉伯为例，世界石油产量的13%都产自这个国家，其在2015年的石油产量高达5.685亿吨。俄罗斯也是一个石油生产大国，2015年全球12.4%的石油产量产自俄罗斯，其石油产量高达5.407亿吨（刘清杰，2017）。在天然气生产方面，2015年全球天然气产量32亿吨油当量，其中，“一带一路”沿线国家生产了16.95亿吨油当量，占到了全球天然气产量的53%。中东地区的天然气产量占全球天然气产量的17.4%；同时，全球天然气16.1%的产量来自俄罗斯。除了石油和天然气，“一带一路”沿线国家也有丰富的煤炭自然资源。2015年，全球煤炭总产量的70%左右分布在“一带一路”沿线国家。其中，中国、印度、印度尼西亚和俄罗斯的煤炭产量分别占到47.7%、7.3%、6.3%和4.8%等（刘清杰，2017）。除此之外，2015年全球电力产量的47%也源自“一带一路”沿线国家。

就中国在“一带一路”沿线国家自然资源领域的直接投资来看，比较有代表性的是河南省的有色地矿局。河南省有色地矿局在“一带一路”沿线的一些国家开展了地质找矿和地质技术方面的服务工作，这些国家包括赞比亚、刚果(金)、津巴布韦、坦桑尼亚、利比里亚、马达加斯加、老挝、蒙古国和菲律宾等多个国家。河南省有色地矿局已经累计开展了近50项的境外项目。

河南省有色地矿局在非洲一些国家的地质找矿工作取得了一些成果，这些成果分布在赞比亚、利比里亚、坦桑尼亚、埃塞俄比亚和马达加斯加等。这些成果包括老挝铝土矿、利比里亚铁矿、马达加斯加铁矿和铝土矿等一批大型或特大型的矿产地，蒙古钼矿、智利铜矿等探获中型矿产地，为中国采矿企业在"一带一路"地区直接投资奠定了基础。作为矿业大省的河南省，在有色金属勘查、开采、加工能力等方面具有较强的竞争力，正好可以结合"一带一路"沿线国家富含矿产资源的区位优势，实现对外直接投资。

2."一带一路"地区的劳动力资源

"一带一路"战略涉及欧亚非大陆包括中国在内的65个国家，总人口数超过44亿人，占到全世界总人口的64%左右。而且，这些国家大多数为新兴经济体和发展中国家，经济增长较快。就劳动力规模来看，"一带一路"沿线国家的差异比较大。其中，劳动力人口小于500万的国家占到59.1%左右，劳动力规模在大于500万且低于1000万的国家占12.1%左右。而劳动力人口在1000万到5000万之间的国家占到18.2%左右，这些国家包括菲律宾、泰国、土耳其、埃及、伊朗、缅甸、乌克兰、波兰、马来西亚、尼泊尔、沙特阿拉伯、乌兹别克斯坦(张原、刘丽，2017)。"一带一路"地区的劳动力大国包括中国、印度、印度尼西亚、俄罗斯、孟加拉国、巴基斯坦和越南等，这些国家的劳动力人口超过了5000万，占"一带一路"沿线国家总数的10.6%。

3. 中欧班列

往返于中国与欧洲及"一带一路"沿线国家的中欧班列是集装箱国际铁路联运班列。目前，中欧班列的运行轨道包括东、中、西三条，分别是：

①由中国中西部城市到新疆阿拉山口，从新疆出境到达欧洲的西部通道线路；②由中国华北地区到内蒙古二连浩特，从内蒙古出境的中部通道线路；③通过中国东南部沿海地区到内蒙古满洲里(绥芬河)，也从内蒙古出境抵达欧洲的东部通道。截至 2019 年 4 月，中欧班列实现了常态化运行，有 65 条运行线路，目的地包括 15 个欧洲国家的 44 个城市，运送货物累计已达 92 万箱。2019 年，中国已经有 16 个城市运行的中欧班列超过了一百列。重庆、西安、成都成为中欧班列运行最多的前三个城市，三个城市的中欧班列的重箱发运量超过了全国的 50%以上。其中，2019 年重庆中欧班列开行超过 1500 班，运输箱量和货值都增长了 48%。根据西安国际港务区的统计，2019 年西安中欧班列“长安号”一共开行 2133 列(含亚洲方向)，运送货物总重达 180.2 万吨，分别是 2018 年货运总重的 1.7 倍和 1.5 倍，增幅较大。自 2013 年开通以来到 2019 年成都的中欧班列累计开行超过了 4600 列，占到全国中欧班列开行总量的四分之一。成都中欧班列现已成为全国运行稳定、时间较短、发班频率最高的中欧班列，累计带动 217 亿美元进出口贸易。仅 2019 年成都开行中欧班列约 1600 列。中欧班列作为“一带一路”沿线货物陆路运输的主干线，为中国企业在“一带一路”沿线国家的直接投资和国际贸易提供了便利，大大降低了运输的时间和成本。

4. 促进中国企业在“一带一路”沿线国家直接投资的政策文件

“一带一路”倡议是中国对外开放基本国策的一部分。中国与“一带一路”沿线国家签署了一系列促进对外直接投资的政策文件。《中国“一带一路”贸易投资发展报告 2020》显示，截至 2020 年 5 月，中国政府已先后与 138 个国家、30 个国际组织签署 200 份共建“一带一路”的合作文件，旨在进一步促进共建“一带一路”的高质量发展。除此之外，截至 2016 年 6 月中国已经与“一带一路”沿线 11 个国家签署了自贸区协定，与 56 个沿线国家签署了双边投资协定。同时，中国还与“一带一路”国家和地区签订了双边税收合作机制，避免企业在“一带一路”区域直接投资遭遇双重税收的困境。截至2017年4月底，中国已与116个国家和地区建立了双边税收合作机制。其中，中国已与54个"一带一路"沿线国家签订了双边税收协定、安排和协议(蔡岩红，2017)。这些中国与"一带一路"沿线国家在投资协定、税收等方面的政策构成了"一带一路"国家的区位优势，便利了中国企业在"一带一路"地区的投资。

5. 中国在"一带一路"沿线国家的直接投资

自2013年"一带一路"倡议提出以来，中国在"一带一路"沿线国家的对外直接投资取得了飞速发展。根据《中国"一带一路"贸易投资发展报告2020》统计，2013—2019年，中国企业对"一带一路"沿线国家非金融类直接投资累计超过1000亿美元，年均增长4.4%。主要投资区位为新加坡、越南、老挝和印度尼西亚等国。"合作区平台"成为中国在"一带一路"沿线国家直接投资形成产业集聚的主要模式。截至2019年底，纳入商务部统计的境外经贸合作区累计投资419亿美元，有数千家中国企业通过进入合作区在当地直接投资。其中，在"一带一路"沿线国家建设的合作区累计投资350亿美元，上缴东道国税费超过30亿美元，为当地创造就业岗位33万个。

2020年年初新冠肺炎疫情在全球范围内蔓延，增加了世界经济的不稳定性，世界大多数国家的经济出现了负增长。在这样的大背景下，中国对"一带一路"沿线国家直接投资不降反升。据《中国"一带一路"贸易投资发展报告2020》统计，2020年前7个月，中国对"一带一路"沿线国家非金融类直接投资同比增长28.9%。中国在"一带一路"地区一些基础设施领域的投资顺利实现了复工复产，如：匈塞铁路、中孟帕德玛大桥以及中老铁路曼迈一号隧道等。

第二章
发展中国家国际直接投资理论与中国在“一带一路”的实践

到了20世纪八十年代，发展中国家的一些企业开始到国外进行直接投资。发展中国家对外直接投资的现象引起了一部分学者的注意，他们对这一现象展开了研究，尝试回答几个关键核心问题，分别是：发展中国家的企业进行对外直接投资的动机是什么？这些发展中国家的跨国企业怎样才能在有发达国家的跨国公司、当地企业在内的东道国市场上取得成功？比较有代表性的学者是美国哈佛大学商学院的教授路易斯·威尔斯(Louis T. Wells)和英国经济学家拉奥(Sanjaya Lall)。他们分析了发展中国家跨国公司技术优势的来源。

第一节　小规模技术理论

20世纪80年代，威尔斯(Louis T. Wells)分析了发展中国家的跨国企业，探讨了它们对外直接投资的竞争优势的来源、动机和前景，并发表了他的代表作《第三世界跨国企业》。威尔斯指出，大多数发展中国家拥有一些共同的特征，如产品的市场规模较小等。发展中国家的跨国企业往往先引进发达国家的生产技术，然后对其进行改造，使技术的使用适合当地市场，特别是小规模市场。而且，这一适应小规模市场的技术还有劳动密集型的特征。发展中国家的跨国企业对引进的技术进行改造，以满足当地小规模市场的技术需求。当这些发展中国家的跨国企业完成了对发达国家的小规模技术改造后，就拥有了到其他类似发展中国家直接投资的竞争优势，以中法在非洲市场第三方合作为例，法国企业的技术或设备过于先进，在非洲国家难以找到维护和使用法国设备、产品所必须的技术条件和人才。而且，法国企业的高端产品和设备与发展中国家的企业相比，价格较高，不具备低成本优势，而中国在引进发达国家的技术后，对技术进行了逐步地改造，形成了适合中国市场规模、成本的生产技术。因而，更有助于满足非洲国家市场的需要。

除此之外，使用东道国当地的资源也可能成为发展中国家跨国企业对外直接投资的原因之一。这可能是发展中东道国对原材料进口存在一些限制，也可能是因为从国外进口原材料的成本过高。因此，发展中国家跨国企业可以通过对外直接投资的方式在发展中东道国获取原材料，生产符合当地需求的产品。比如同仁堂正计划在一些东道国种植中药材，在当地生产和销售中药产品。另外，发展中国家跨国公司的另一个竞争优势在于可以生产满足特定种族人群的产品。它们在东道国对外直接投资的原因可能是为了满足与投资来源国有民族特性或血缘关系的生活在东道国的特定消费群体。以同仁堂为例，刚开始国际化的时候，同仁堂打出“有华人的地方就有同仁堂”的口号。这是因为西方人对中医药普遍不太理解，那么，中医药行业企业在走出去的过程中就存在较大的难度。中医药类似一种中华民族的传统产品，相当于民族产品。因此，在中医药的国际化市场上，同仁堂具有特定的竞争优势。

发展中国家的企业为什么要对外直接投资呢？这些动机可能是出于保护出口市场的需求，也可能是为了寻求较低的劳动力成本，或者获取大量原材料的便利性等。其中，一些发展中国家的企业在对外直接投资之前就可能通过出口的方式进入国外市场。但随着出口的增加，贸易壁垒的影响变大，出口受到配额限制，交通运输成本增加等。在这样的情形下，直接到发展中国家市场建立工厂生产以满足原有出口市场的需求，不仅能满足当地市场的需求，也可以快速在当地市场占据主导地位，避免潜在竞争对手的威胁。另外，谋求较低的成本，比如劳动力成本、廉价的原材料等，也可能是发展中国家企业跨国直接投资的比较直接的动因。比如中国铝业对外直接投资的动因之一就是因为中国铝土矿资源短缺。

第二节　技术地方化理论

英国经济学家拉奥(Sanjaya Lall)对发展中国家企业的对外直接投资进行了研究，他发现，发展中国家的跨国企业除了对国外引进的先进技术进行简单的模仿，还可能对这些技术进行大幅度地局部改造、调整，以适应当地市场的需求。这个满足发展中国家技术需求的改造过程，被称为“技术地方化”过程。拉奥指出，发展中国家的跨国企业具有特定的技术特征，这些特征包括适应小规模的技术市场、技术的标准化和劳动密集型等。拉奥认为，发展中国家的跨国企业之所以对外直接投资是因为具备了特定的技术优势：①发展中国家的企业在引进发达国家的技术之后，为适应发展中国家国内的市场环境、要素禀赋、质量需求等进行了技术知识本地化的改造；②发展中国家的产品是在技术地方化的条件下为满足本国的需求而开发出来的。在引进了发达国家的技术或产品之后，发展中国家的跨国企业对产品或技术进行了适当的改造，以满足本国消费者的需求。③发展中国家的消费者在消费层次和购买力等方面都与发达国家的消费者存在一定的差异。对发展中国家的跨国企业而言，正是这一具有创造性的改造形成了它们对外直接投资的竞争优势。拉奥的技术地方化理论关注发展中国家的跨国企业结合本国的市场环境和消费者特点对从国外引进的先进技术进行消化、吸收和改造创新的过程。拉奥指出，这一技术本地化的过程正是发展中国家对其他发展中国家对外直接投资竞争优势的来源，有助于它们到邻近国家或经济条件相似国家的对外直接投资。

以中国高铁为例，早在1978年改革开放初期，中国就期望发展中国高铁。由于当时的技术能力有限，铁道部到了1999年才开始修建中国的第一条具有试验性质的高铁线路——秦沈客专线路。这条高铁线路连接秦皇岛和沈阳，设计时速超过 200 公里，铁路全长 404 公里。同时，中国也自主研发了动车组——“中华之星”号。可惜，“中华之星”号动车组频繁出现故障，最后只能获得铁道部的许可在秦沈客专线路上以 160 公里的时速运营。2005 年，中华之星完成了 53.6 万公里的考核，发生故障的比率下降到了能够接受的范围。然而，这与当时国外在高铁领域的先进技术的差距较大。2003 年 3 月，铁道部发表了《抓住新的历史机遇，努力实现中国铁路跨越式发展》的文章，提出了“跨越式发展”的概念，即：不仅要以较短的时间、较低的成本走完发达国家的铁路发展历程，而且在发展过程中跳过过渡期的投资，充分利用后发优势赶上国际先进水平。这一包括“跳跃—赶上—超过”的过程成为了中国高铁快速发展的指南针。2004 年元旦，《中长期铁路网规划》(以后简称《规划》)在国务院被通过。该《规划》提出了建成“四纵四横”的客运专线的宏伟目标，计划在 2020 年实现全国铁路历程数达到 10 万公里。该《规划》的出台吸引了全球铁路技术公司的目光，各国铁路技术公司都希望在中国铁路和动车建设中获益。2004 年 6 月，《时速 200 公里铁路动车组项目投标邀请书》由铁道部发布，《邀请书》规定只有中外合资企业才具备投标资格。铁道部指定当时的两家企业——四方机车(南车集团)和长春客车(北车集团)作为技术的引进方。第一轮中标的结果分别是：南车—日本大联合中标 3 包 60 列；长春客车——阿尔斯通中标 3 包 60 列；南车—庞巴迪中标 1 包 20 列；而技术实力最强的西门子公司却没有中标。一年后的 2005 年，第二轮技术招标由铁道部启动，时速 300 公里以上列车成为了第二次招标的标的。此轮招标中，西门子和唐山客车(北车)，达成了技术转让协议，技术转让内容比较完整，单车 2.5 亿人民币、技术转让费 8000 欧元。另一边，由于日本联合体不转让时速 300 公里以上的高铁技术，与日本合作的中国合作方——南方四方开始在时速 200 公里的基础上自主研发时速 300 公里的高铁。接下来的三年时间，唐山客车成功地将西门子的 Velaro 动车实现了国产化；南车四方也成功地研发出了时速 300 公里的列车。随后，中国高铁的主力车型 CRH380 系列由南车四方自主开发成功，该车型是在 CRH2A 平台上进一步完成的技术升级改造。

截至 2008 年 8 月，中国已经掌握了高铁的先进技术，并自主设计了首条时速高达 350 公里的高铁线路——京津城际高铁，并投入了运营。中国高铁的发展过程，就是一个技术引进、消化、吸收、改造加自主研发的过程，中国高铁通过四年的时间完成了从第一次招标到掌握世界先进高铁技术的飞跃。截至 2019 年，中国高铁里程数占到了世界高铁的三分之二，运营历程总数超过了 2. 9 万公里，并且，中国高铁具备完全的自主研发能力，成功研制了复兴号。中国高铁的发展轨迹正是中国企业对引进技术地方化的先进典范。在“一带一路”战略实施的今天，中国高铁正在使用掌握的高铁技术及技术地方化后的高铁技术在“一带一路”沿线国家开展高铁等基础设施建设。

第三节　中国企业在“一带一路”OFDI 的技术优势

作为发展中国家国际直接投资的代表性理论，小规模技术理论和技术地方化理论是否能全面解释中国企业在“一带一路”沿线国家的直接投资现象呢?

一、中国在“一带一路”沿线国家的专利申请和授权情况

专利是技术优势的来源之一。中国企业进入“一带一路”沿线直接投资特别注重专利申请。据国家知识产权局的数据统计，2019 年上半年，中国在“一带一路”沿线国家专利申请达 3125 件，较 2018 年同期增加 13 件。同一时期，中国在“一带一路”沿线国家授权专利 1558 件，同比下降 5. 8%。可见，中国企业在“一带一路”沿线国家的专利申请呈上升态势。

1. 专利申请的区位与行业分布

中国在“一带一路”沿线国家专利申请的所在国比较集中(见表 2-1) ,

在韩国、印度、新加坡、俄罗斯和越南等排名前五位的国家申请专利数量分别为1338件、896件、287件、261件和146件，分别占到中国在"一带一路"申请专利总量的42.82%、28.67%、9.18%、8.35%和4.67%。而且，中国在以上五个国家的专利申请占到了中国在"一带一路"沿线国家专利申请总量的93.7%。从以上五个国家来看，中国与印度、俄罗斯和越南接壤，与韩国的地理距离较近。新加坡拥有较多的华人，因而与中国的文化距离较近。可见，中国在"一带一路"沿线国家专利申请的区位选择是选择与中国距离较近的国家。

表2-1 **2019年上半年中国在"一带一路"沿线专利申请前五位的国家与行业** （单位：件）

排名	国家	数量	占比	排名	行业	数量	占比
1	韩国	1338	42.82%	1	计算机、通信和其他电子设备制造业	798	25.54%
2	印度	896	28.67%	2	仪器仪表制造业	382	12.22%
3	新加坡	287	9.18%	3	化学原料和化学制品制造业	372	11.90%
4	俄罗斯	261	8.35%	4	软件和信息技术服务业	370	11.84%
5	越南	146	4.67%	5	通用设备制造业	174	5.57%
	合计	2928	93.70%		合计	2096	67.07%
	总量	3125	100%		总量	3125	100%

资料来源：国家知识产权局。

就中国在"一带一路"沿线国家申请专利排名前十的行业来看，申请专利最多的行业是计算机、通信和其他电子设备制造企业，共798件(见表2-1)，占2019年上半年中国在"一带一路"沿线国家专利申请总量的25.54%。申请专利排名第二的行业是仪器仪表制造业，382件，占专利申请总量的12.22%；化学原料和化学制品制造业、软件和信息技术服务业、通用设备制造业分别排在第三位、第四位和第五位，申请的专利数量分别为372件、370件和174件，分别占到专利申请总量的11.90%、11.84%和5.57%。从行业排名来看，中国企业在“一带一路”沿线国家的专利申请主要集中在制造业。除了软件和信息技术服务业以外，其他四个排名前五位的制造业行业在“一带一路”沿线国家的专利申请占到专利申请总量的55.23%。由此可见，制造业的专利申请仍然是中国“一带一路”沿线国家专利申请的主力军。

随着数字经济的发展，计算机、通信和其他电子设备制造业，软件和信息技术服务业等与数字经济发展相关的制造业、服务业成为了中国在“一带一路”沿线国家专利申请的重点行业。其中，2019年上半年，数字通信行业在“一带一路”沿线国家申请专利530件，计算机技术366件，电信120件等。因而，与数字经济相关的专利申请是中国在“一带一路”沿线国家专利申请的重点。

2. 专利申请前十位的企业

从中国在“一带一路”沿线国家专利申请的企业来看，2019年上半年，华为技术有限公司排在第一位，申请专利466件，占中国在“一带一路”沿线国家专利申请总量的14.91%(见表2-2)。

表2-2　**2019年上半年中国在“一带一路”沿线国家专利申请前十位的企业**

排名	企　　业	数量	占比
1	华为技术有限公司	466	14.91%
2	广东欧珀(OPPO)移动通信有限公司	149	4.77%
3	中国平安科技(深圳)有限公司	125	4.00%
4	美的集团有限公司	78	2.50%
5	京东方科技集团股份有限公司	73	2.34%
6	小米科技有限责任公司	70	2.24%
7	中国电信技术研究院	68	2.18%
8	上海微电子设备(集团)有限公司	54	1.73%

续表

排名	企　　业	数量	占比
9	比亚迪股份有限公司	51	1.63%
10	北京京东尚科信息有限公司	35	1.12%
	合计	1169	37.41%
	总量	3125	100.00%

资料来源：国家知识产权局。

作为专利申请量最多的企业，华为与排在第二位的广东欧珀(OPPO)移动通信有限公司的专利申请量差距较大，是欧珀专利申请量的三倍还多。除了华为和欧珀，中国在“一带一路”沿线国家专利申请前十位的企业还包括中国平安科技(深圳)有限公司、美的集团有限公司、京东方科技集团股份有限公司、小米科技有限责任公司、中国电信技术研究院、上海微电子设备(集团)有限公司、比亚迪股份有限公司和北京京东尚科信息有限公司。这些排名前十位企业的专利申请量占到了中国在“一带一路”沿线专利申请总量的37.41%。这些企业如华为、小米、京东方等都是中国数字经济领域发展的主导企业。从以上专利申请情况来看，中国企业在“一带一路”直接投资拥有相关的技术优势。

二、中国高铁在“一带一路”沿线的发展

中国高铁在引进德国的西门子、法国的阿尔斯通、加拿大的庞巴迪、日本的川崎重工的先进技术的基础上，通过自主研发形成了适合中国市场的技术优势。在“一带一路”倡议下，中国高铁走出去承接了一系列铁路项目，如中老铁路、中泰铁路、匈塞铁路、雅万高铁等合作项目，这些重点项目承接了区际、洲际铁路网络建设。

1. 匈塞铁路

作为中国—中东欧合作的主要高铁项目，匈塞铁路全长350公里，连

接中东欧两个国家的首都，分别是匈牙利首都布达佩斯与塞尔维亚首都贝尔格莱德。匈塞铁路是中国高铁在欧洲参与建设的第一个铁路基础设施项目，主要涉及对之前的铁路进行现代化改造，达到时速200公里。2020年5月，匈塞铁路项目的匈牙利段项目EPC主承包合同生效，并进入了实施阶段。其中，中国进出口银行与匈牙利财政部签署贷款协议为匈牙利段提供了项目所需的贷款。其中，匈塞铁路的匈牙利段的长度为159.4公里，该项目中的设备、材料和技术都由中国铁路提供，符合欧盟和匈牙利的标准并获得过认证。匈塞铁路匈牙利段正是中国将之前引进、吸收、自主创新而形成的技术优势运用到其他发展中国家直接投资的表现之一。

2. 莫喀高铁

莫喀高铁项目由中国和俄罗斯联合体完成设计，计划时速为每小时400公里。莫喀高铁项目连接俄罗斯莫斯科和鞑靼斯坦共和国的首府喀山，全长为770公里。莫喀高铁项目建成后将大大缩短从罗斯科到喀山的时间，即由原先的14小时缩减到3.5小时。2015年4月，莫喀高铁项目设计由中铁二院中标。2015年11月，中俄双方组建了合资企业，在车辆技术装备供应等多个方面实现本土化生产。另外，中车长春轨道客车股份有限公司在俄罗斯建立了莫喀高铁所用动车组的生产工厂。2016年4月，中国铁路通信信号股份有限公司被宣布为莫喀高铁项目提供列车控制系统和通信信号总体方案。这样，中方企业负责完成莫喀高铁项目的勘察设计、车辆制造和通信信号。2016年6月，中国中车股份有限公司计划与俄罗斯Sinara集团在俄罗斯成立合资工厂，为莫喀高铁制造至少100辆动车组。

3. 中老铁路

中老铁路是中国高铁在“一带一路”沿线开展的比较顺利的投资，连接中国昆明和老挝万象这两个城市。2016年12月开始建设，2017年进入全面实施阶段，原计划在2021年之前建成并通车。中老铁路项目的设计时速每小时160公里，在标准设计、建设和运营方面都按照中国铁路标准实施，相当于把中国高铁的技术优势直接运用到国外的直接投资中。中老铁路建成后，将由动车从中国昆明出发直达老挝万象。中老铁路将成为中国西南地区进出国境的重要国际铁路。2019 年 12 月底，中老铁路全线最长的隧道——全长 9384 米的森村二号隧道由中国电建集团的水电三局和水电十四局负责施工贯通。2020 年 8 月底，中国电建水电十局完成了中老铁路项目的万荣车站的土建施工。万荣车站面积大约 145 万平方米，是中老铁路的四大车站之一。该项目部办公室的 25 名技术、管理人员与 422 名老挝当地员工参与了本项目的工作。可见，中老铁路建设的人员本土化率较高，为当地提供了较多的就业机会。

4. 中泰铁路

中泰铁路是中国——东南亚铁路网络之一，将与中老铁路、新马铁路相连，形成中国到东南亚的高铁圈。在第二届"一带一路"国际合作高峰论坛期间，中国、泰国与老挝三个国家签署了关于三国铁路网络的合作备忘录。中泰铁路与中老铁路相连将增加中国、泰国、老挝三国的经贸联系。而且，中泰铁路也是泰国境内第一条标准轨高速铁路，一期设计时速为 250 公里，能满足泰国对高速铁路的需求。因为泰国国内的铁路时速还比较慢，仅达到 50—60 公里/小时。

5. 雅万高铁

连接印尼首都雅加达和西爪哇省的省会万隆的雅万高铁全长 142. 3 公里，设计时速最高为 350 公里，经过 9 个县市，设立 4 座车站。原计划 2015 年开工，2019 年通车。但由于印尼的地形复杂、环境问题，修建铁路难度较大。特别是在雅万高铁建设的路线上的拆迁征地难度较高，截至 2019 年 2 月，雅万高铁项目的征地已经完成了 94%左右。由于 2020 年年初新冠疫情在全球爆发，雅万高铁项目 3 月停工，直到 6 月才复工。疫情也延缓了雅万高铁项目的工程进度。雅万高铁建成后将使雅加达到万隆的铁路运行时间从 3 个多小时减少到 40 分钟左右。不仅能带动沿线一些产业的发展，也能够提升当地的区域经济发展水平。

6. 木姐—曼德勒铁路

木姐—曼德勒铁路是中缅经济走廊建设的重点项目，该项目在缅甸境内连接两个城市，分别是木姐和缅甸第二大城市曼德勒。这条铁路长度为431公里左右，设计的客运时速每小时160公里，货运的时速为每小时120公里，建设成本约89亿美元。该铁路线路建成后，将实现中缅两国铁路的无缝对接。其中，木姐是中缅两国最大的贸易口岸门户，与中国云南省接壤。木姐—曼德勒铁路将大大缩短从木姐到曼德勒的时间，最快可能三小时到达。而且，木姐-曼德勒铁路可以与多条现有铁路连接起来，形成一个较大的铁路运营网络。木姐-曼德勒铁路北可以经过云南省瑞丽市接入中国铁路网络，南可以经过曼德勒接入缅甸境内的有米轨铁路网，从而，形成中缅铁路的对接。木姐-曼德勒铁路在将来还可以穿过缅甸北部，进一步连接到印度东北部各州和孟加拉国，形成一个连接多国的铁路圈。

以上铁路线路的建设正是中国在之前引进发达国家跨国公司的先进技术之后，通过学习、消化、吸收、创新而形成的符合中国市场的高铁建设技术优势在邻近发展中国家的应用。所不同的是，中国的高铁技术不完全是技术引进，大多是与发达国家的跨国公司建立投资联合体，成立中外合资企业，承接了发达国家跨国公司转让的技术。同时，在此基础上，中国企业又开展了进一步的自主研发和创新。在掌握了高铁技术之后，中国高铁相关企业开始在“一带一路”沿线的发展中国家直接投资。

第三章
乌普萨拉模型与中国企业的国际化过程

20 世纪 70 年代，Johanson 和 Vahlne 提出了著名的乌普萨拉模型，标志着国际直接投资领域的研究从宏观经济学视角转入了企业的微观视角。乌普萨拉模型是企业国际化的过程模型，解释了企业在国际化过程中的一些特点。Johanson 和 Vahlne 从商业网络的视角分析国际化企业所面临的市场环境。他们认为，市场是一个关系网络，网络中的企业通过多样的、复杂的甚至无形的方式联系在一起。那么，成为相关网络中的局内人就成为了国际化成功的必要条件，同时也存在局外人劣势。如今，乌普萨拉模型已发展成为研究企业国际化进程的主导模型。

第一节　乌普萨拉早期模型

1977 年，瑞典乌普萨拉大学的研究者发现，瑞典企业的国际化行为与当时的经济理论和国际商务文献存在不一致的地方。他们对瑞典跨国公司的观察发现，瑞典企业是通过临时出口的方式开始国际化的。之后，这些企业与外国当地的代理商(中介机构)交易，使进入国外市场的出口模式正常化。随着在国外销售额的增加，这些企业会通过建立销售组织的方式来代替中介机构；当国外市场销售额进一步增加时，它们就会选择在国外建厂制造、生产产品，以此来克服可能的贸易壁垒，如关税、配额限制。那么，企业国际化会选择先进入哪些东道国呢？Johanson 和 Vahlne 认为，企业国际化会开始于选择一个与本国心理距离较近的国家，在积累了较多的国际化经验，形成了较强的竞争优势后，再逐步进入心理距离较远的国家。这里心理距离指那些增加企业理解国外环境困难的因素（Johanson 和 Wiedersheim-Paul，1975）。企业与东道国的心理距离越大，企业进入该国直接投资的外来者劣势越大。

乌普萨拉模型把进入国外市场的过程视作一个动态的学习过程。企业通过在国外市场运营获得一些市场知识，如关于顾客、竞争者和政府管制的情况。这些市场知识能影响企业的承诺水平和当前的活动，便于企业评估它现在的经营活动、市场投资范围和增加投资带来的机会，从而，做出进一步地决策。而当前的经营活动又能使企业获取更多的市场知识，进入下一个承诺水平。通过几次这样的循环，公司就逐渐获得了开发当地市场所必需的能力和知识，成为东道国一个有效的竞争者。图 3-1 描述了乌普萨拉模型中国际化学习的循环过程，因此，乌普萨拉模型是动态的。由于学习获得市场知识和承诺构建需要时间，因此，进入风险较大、潜在回报更多、心理距离更远的外国市场，进入模式和进入速度都是渐进的。

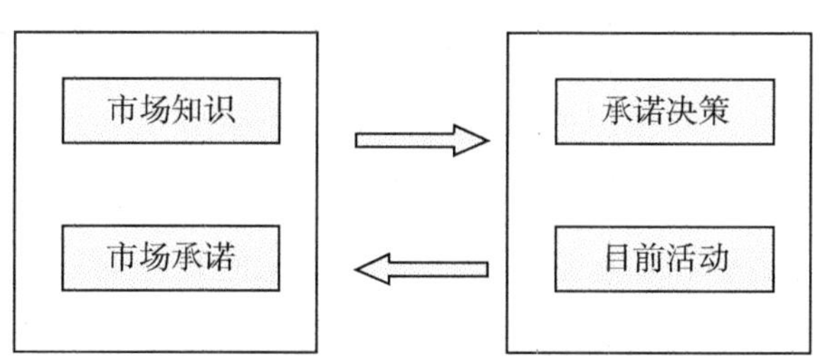

图 3-1　乌普萨拉模型的国际化过程

一、商业网络中的企业关系

企业都处于商业网络中，不论在国内还是国际供应商与客户之间保持亲密和持久的商业关系至关重要（Hallén，1986）。企业与企业之间的供应链的合作关系能促进知识的积累、信任的建立和承诺水平的提高。脆弱的单向依赖关系也可能转化为坚固的双边互相依赖关系，并使双方企业的生产效率提高。通过学习合作方的资源和能力，可以积累经验，提高学习能力，企业之间的关系得到了更好的发展，并可以逐步提高它们的承诺水平。因此，乌普萨拉模型在发展的过程中开始意识到，成功的国际化需要企业与其他企业之间的相互承诺(Vahlne 和 Johanson，2002)。然而，企业与其他企业之间建立工作关系需要较长的时间和管理者的努力。这种关系发展的过程实质是一种非正式过程。而且，因企业与东道国的心理距离越大，在与东道国企业建立新的关系的难度越大，被称为是外来者劣势效应。企业常常与重要的供应商、分销商、客户结成了紧密的、持久的不同关系。实际上，企业是在相互连接的商业关系网络中运营的。相互连接的关系网就成了商业网络。

二、局内人与局外人

Johanson 和 Vahlne(2009)提出了局内人和局外人的概念。他们认为，企业的成功需要建立一个或多个网络。几乎任何活动都发生在一定的关系情景当中，处于一个或多个关系网络中的企业就是一个局内人。他们指出，企业通过关系开展学习、建立相互信任、提升承诺，这是企业成功国际化的关键。相反，处在相关网络之外的企业就成了局外人。当一个企业在进入国外市场的时候，如果不处在相关网络中，那么，企业在国际化时就会遇到局外人劣势和外来者劣势。需要注意的是，局外人劣势是一个企业层面的概念，并不一定是发生在国家间的。而外来者劣势是发生在国家间的。作为东道国市场的外来者，要想成为关系网络中的局内人就比较复杂和困难。当东道国市场中存在一个潜在伙伴需要一家企业提供一些服务，这就为企业提供了初始的局内人机会。通过这一初始的局内人机会，企业可以在之后的经营中通过学习积累、信任建立和提升承诺水平，逐步进入东道国市场，嵌入东道国市场的商业网络中。由此可见，一个企业可能因另一个合作企业的需要而成为外国市场商业网络中的局内人，所以，一个企业的商业环境是由其所在的网络构成的，这包含企业对学习、信任建立和承诺的发展，以及识别和利用机会的思维模式。

三、经验学习与风险管理

Johanson 和 Vahlne(2009)认为，在国际化过程的商业网络视角下，经验学习是一个基础性的机制。原始的乌普萨拉模型强调那些可能在不同组织单元间转移的通用性市场知识，如国外市场进入、具体的进入模式、核心业务、联盟、收购及其他具体的国际化经验知识。商业网络中的知识发展体现在多个方面，不仅可以学习网络中其他参与者的已有知识，也可以在买方的使用知识和卖方的生产知识的互动中产生新的知识。管理团队的关系也可能是重要的知识来源。经验学习是国际化的核心要素。除此之外，还有三种类型的非经验的学习方式，如收购其他企业、模仿和探求也可能会加速国际化的过程(Forsgren, 2002)。

信任是承诺的前提条件。在 1977 年的乌普萨拉模型中，Johanson 和 Vahlne 假设市场承诺和市场知识影响企业感知到的市场机会和风险，它们反过来又影响承诺决策和当前活动。因此，乌普萨拉模型又被认为是风险规避的模型。一方面，风险在通往未知道路的途中是不可避免的；另一方面，企业所面临的风险是复杂多变的。因此，企业需要进行风险管理。通常，企业会逐步进入看似风险较大，但具有潜在利益的国外市场。企业在知识和承诺方面的增长会增加这种冒险的可能性。同时，企业降低在国外市场遇到的不确定性，需要应对母国与东道国的文化差异和制度差异。高度不确定是国际化的特征之一。Vahlne 和 Johanson(2017)指出，学习是基于过去的经验，而且学习在内部和外部网络单元存在风险、不确定性和部分无知的条件下发生。所以，Vahlne 和 Johanson(2017)设想国际化可能受到许多突发事件的影响，因而无法事先确定结果。

第二节 国际化过程中的商业网络模型

国际化过程中的商业网路模型是 Johanson 和 Vahlne 对乌普萨拉模型的

进一步发展和修正。企业嵌入了一个促进其国际化发展的商业网络，网络中包含各种相互依赖的关系和行动的参与者。企业国际化可以加强其在网络中的地位。现有的商业关系对企业是否进入国外市场、以何种方式进入海外市场会产生较大的影响。经验学习和建立承诺都是发生在商业网络的关系中的。Johanson 和 Vahlne 在 2009 年的商业网络模型中也包含两组变量：状态变量和动态变量，也可以成为存量和流量，两边在一个关系中是相互关联的。变量之间是相互影响的，状态变量对动态变量产生影响；同时，动态变量也会影响状态变量。Johanson 和 Vahlne 的商业网路模型阐述了一个关于学习、信任和承诺建立的动态积累过程。知识水平的增加可能对信任建立和承诺产生影响。如图 3-2 所示，第一个状态变量是知识和机会。其中，机会是知识的组成部分之一。知识不仅包含机会，还包括需求、能力、战略及其与企业相关的网络。第二个状态变量是“网络地位”，替代了 1977 年模型中的“市场承诺”变量。商业网络国际化过程模型假设国际化是在网络中进行的。伙伴关系和网络地位有助于企业在国际化过程中学习、建立信任和承诺。学习、知识创造和信任建立是其中的一个动态变量。学习、知识创造和信任建立的速度、强度和效率取决于已有知识、信任和承诺的水平，也取决于合作伙伴发现特定机会的能力。“关系承诺决策”是另一个动态变量，承诺是对关系或关系网络而言的，具体指一个企业决定对网络中一个或几个关系提高或降低承诺的水平。关系承诺决策

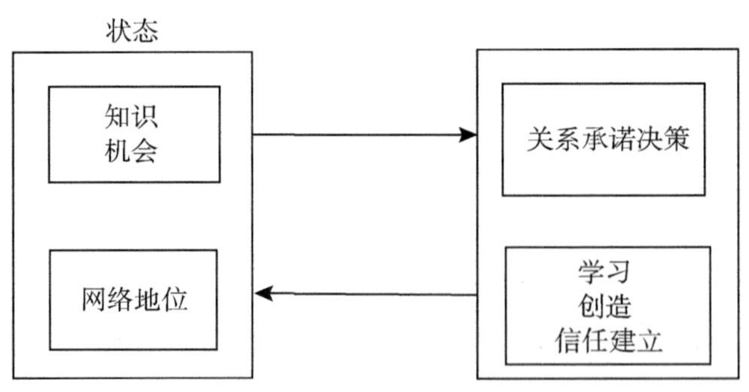

图 3-2　商业网络国际化过程模型(2009)

可能表现在进入模式、投资规模、组织变革和依赖程度的改变。承诺的改变能加强或减弱双方的关系。

Johanson 和 Vahlne(2009)的商业网络国际化过程模型认为国际化取决于企业的关系和网络，企业走出去需要依赖那些承诺通过国际化发展业务的重要伙伴关系。这些合作伙伴可以在国内，也可以在国外。当一个伙伴企业在一个或者多个国家拥有有价值的网络地位时，企业可以跟随该伙伴企业进入国外市场。这样，可以发现有意义的商业机会，因为企业合作伙伴的知识基础是相互关联的，与网络中其他企业存在直接或间接的关系。凭借这些相互关联的知识基础，企业也可能进入有机会的国外网络。另外，企业走出去的原因也可能是关键的合作伙伴在国际化的过程中希望该企业跟随它一起进入国外市场。

企业国际化的区位选择也可能受到合作伙伴的影响。当合作伙伴在一个国外市场拥有很强的网络地位时，企业可能依赖合作伙伴进入同一国外市场。企业也可以选择一个能跟拥有网络地位的新企业建立联系的国外市场。企业在国际化初期可能通过中介(代理商或渠道商)进入国外市场，当与当地客户建立伙伴关系后，企业就可能绕过中介(代理商或渠道商)而在当地建立子公司。

商业网络国际化过程模型关注关系、知识和承诺不足带来的不确定性。已有的商业关系可能为企业带来一些专有优势。在国际商务中，企业面临的问题可能是源于关系特性和网络特性的问题，因而，怎样避免局外人劣势就显得尤为重要。

Johanson 和 Vahlne(2009)指出，商业网络国际化过程模型可以用来研究资源寻求型和市场寻求型的国际化。商业网络观点将企业视为一个交换单元而非生产单元。现在一些企业将品牌运营、设计或专利技术作为公司经营的重要环节，而将生产、服务等环节交给商业网络中的其他企业去完成。商业网络模型能够解释这类企业的国际化。

第三节 乌普萨拉模型对中国企业在“一带一路”国际化的启发

如何进入“一带一路”市场？怎样克服可能的局外人劣势和外来者劣势？怎样通过市场承诺和市场知识感知市场中的机会和威胁？怎样规避在“一带一路”国际化的不确定性？基于以上问题的研究可以探讨乌普萨拉模型对中国企业在“一带一路”沿线国际化的启发。

一、乌普萨拉模型对中国企业进入“一带一路”沿线国家国际化的借鉴

从 1977 年的乌普萨拉模型到 2009 年修正后的商业网络模型，Johanson 和 Vahlne 强调企业处于一个商业网络模型中，并不是孤立地存在。当商业网络中有企业率先进入目标国市场，在经验学习中获得了有关目标国市场信息、顾客、竞争者和政府管制等情况，那么，网络中与这个企业关系紧密的其他企业也能在相互依赖的关系中获得目标国的相关信息，并有可能随着企业的发展在合作伙伴的带动下进入目标国市场。

以华为和京东方为例。华为(HUAWEI)的手机选择的是国内面板厂商京东方(BOE)，这样，京东方就是华为的供应商，两者之间是紧密的合作伙伴关系。京东方成立于 1993 年，前身是国营企业北京电子管厂，是国内最大的显示面板提供商。当前，全球有超过四分之一的显示屏来自京东方。在液晶显示器方面，京东方是行业的领导者。在 AMOLED(Active Matrix/Organic Light Emitting Diode)屏幕方面，2019 年全球智能手机 AMOLED 屏幕中，三星占据主导地位，提供了 85.4%的全球 AMOLED 屏幕，而京东方排名第二，仅占全球 AMOLED 屏幕的 3.6%。尽管如此，京东方仍是中国国内各大手机品牌 AMOLED 屏幕的提供商。2017 年 10 月，京东方 AMOLED 柔性显示 6 代线实现了批量生产，并开始向华为、欧珀(OPPO)、VIVO、小米等手机厂商提供 AMOLED 柔性显示屏。由此可见，

京东方处于一个有华为、欧珀、VIVO、小米参与其中的商业网络中。这些供应关系能促进它们之间的经验学习，提升它们之间的承诺水平，建立起相互之间的信任。2017 年 10 月，京东方第一次向华为提供 AMOLED 柔性显示屏，之后华为的高端产品——旗舰 Mate 系列和 P 系列都采用京东方的 AMOLED 柔性显示屏。2019 年 5 月，华为与京东方在成都签署战略合作协议，协议中华为和京东方互相提高了承诺水平。其中，华为为京东方提供了战略供应商待遇，而京东方则给予了华为战略客户地位。京东方成为华为关键的供应商，为其高端旗舰手机以及其他智能终端提供核心屏幕，这将促进京东方在成都扩大柔性屏的产能。之前，华为主要采用三星提供的 AMOLED 屏幕，华为与京东方的合作是为了减少对三星的依赖。

同时，华为与京东方也同是在“一带一路”沿线国家申请专利前十位的企业之一。欧珀和小米也属于在“一带一路”沿线国家中申请专利前十位的企业。而京东方同时为华为、欧珀、小米等手机制造商提供 AMOLED 柔性显示屏等显示屏产品，正好形成了一个相互连接的商业网络。2017 年 6 月，京东方俄罗斯子公司正式运营。同年 9 月，京东方中东子公司在迪拜成立。在“一带一路”沿线的德国、韩国、新加坡、印度和日本等欧亚国家京东方均设立了子公司，在美国、巴西等美洲国家也建立了子公司。可见，以华为、京东方为网络核心的这一商业网络已经进入了“一带一路”沿线国家投资。

二、中国企业怎样规避在“一带一路”国际化的不确定性?

“一带一路”沿线国家大多为发展中国家，在政治、经济、文化等多个方面存在较多的不确定性，中国企业在其中直接投资面临较大的风险。乌普萨拉模型认为，可以通过企业之间的承诺关系和获得的市场知识帮助企业感知市场中的机会和威胁。以通信行业为例，华为、京东方、欧珀、小米、VIVO 已经形成了一个在“一带一路”沿线国家直接投资的商业网路。这些企业间的承诺关系和在长期投资中学习到的经验知识有助于企业识别投资中的威胁，应对可能的风险。中国与“一带一路”沿线国家的制度差异和文化差异是中国企业在“一带一路”沿线投资的不确定性的来源。因而，通过与当地的华人华侨联系，了解“一带一路”沿线国家的文化、习俗和商业规则，有助于企业规避可能的经营风险。

第四章 新兴市场国家对外直接投资理论与中国企业的国际化

新兴市场(Emerging Markets)指那些具备较完善的市场经济体制、较高的经济发展速度和较大的市场发展潜力的市场。早在1994年，美国商务部的研究报告中把中国经济区(包括中国香港和中国台湾)、印度、东盟诸国、韩国、土耳其、墨西哥、巴西、阿根廷、波兰和南非等国家和地区列为新兴大市场。2009年摩根斯坦利新兴市场指数将以下21个国家和地区列为新兴市场，分别是巴西、智利、中国大陆、哥伦比亚、捷克、埃及、匈牙利、印度、印度尼西亚、马来西亚、墨西哥、摩洛哥、秘鲁、菲律宾、波兰、俄罗斯、南非、韩国、中国台湾、泰国和土耳其等。21世纪初，新兴市场国家的跨国公司开始对外直接投资，这一现象引起了学者们的注意。他们发现，新兴市场的跨国公司在国际化方面与传统观点不太一致。邓宁(Dunning)认为，企业必须拥有所有权优势才能通过国际化来寻求市场、效率和资源(Dunning，2001)。然而，大多数新兴市场的跨国企业并不具备传统意义上的所有权优势(Luo 和 Tung，2007)。在众多研究新兴市场跨国公司的理论中，比较有代表性的是LLL理论和跳板理论。

第一节　LLL 理论

Mathews(2006)研究了来自亚太等周边地区的跨国企业，他认为这些新兴市场国家企业的国际扩张是由资源联接(Linkage)、杠杆(Leverage)和学习(Learning)驱动的，因此该理论用这三个英文单词的首字母缩写命名，被称为是 LLL 理论。Mathews(2006)把来自亚太地区的跨国企业称为龙跨国公司(Dragon multinationals)，他认为这类企业的典型特征是通过组织创新实现加速国际化、进行战略创新等。

在 LLL 理论中，资源联接(Linkage)是指企业可能在全球扩张中找到机会优势，获得企业之外商业网络内的资源。该理论认为，全球化市场中的后来者和新来者都关注如何从外部网络中获得资源、机会和优势。通过全球扩张，市场中的后来者和新来者可以通过网络连接起来，嵌入到交换圈、优势来源和机会网络中。企业可以在全球扩张中找到发展机会，而不一定是国内的市场扩张。杠杆(Leverage)指企业与商业网络中其他企业的联接方式，像杠杆一样来利用网络中的外部资源。杠杆(Leverage)主要关注企业利用资源的方式，强调资源的可模仿性、可转移性或可替代性。在资源联接、杠杆的基础上，企业更能有效地进行组织学习(Learning)。全球市场中的后来者和新来者可以通过资源联接和杠杆应用过程来构建企业的学习能力，对在位企业进行追赶。新兴市场的跨国公司正是通过以上过程来加速其国际化。Mathews(2006)突出了传统跨国公司框架与新来者和后来者框架的差异，将这一理论称为联接、杠杆和学习(LLL)框架。

LLL 模型指出，来自亚太地区新兴市场的跨国企业是全球市场的后来者。这些后来者的竞争优势可能来源于通过联接外部资源、杠杆效应和组织学习。在 LLL 框架下，对新兴经济体跨国企业而言，它们的国际化需要密切关注企业外部可能获取的资源和能力。通过与发达国家的跨国公司建立战略联盟、合资企业等形式建立联系，是新兴市场国家的企业学习和获取资源的途径。在这些资源联接建立起来之后，新兴市场国家企业就对这些资源进行杠杆利用。因此，Mathews(2006)认为新兴市场国家跨国公司国际扩张主要关注外部可获取的资源。将资源联接和杠杆效应展开应用的过程就是新兴市场国家企业学习的过程。这样，资源联接、杠杆应用和学习就形成了一个加速国际化的过程。因此，Mathews (2006)认为，LLL 模型中关于资源的联接、对资源的杠杆利用、不断积累学习等可以解释新兴市场国家企业加速国际化的过程。

第二节　跳板理论

Luo 和 Tung(2007)在《新兴市场企业的国际化：跳板视角》中从跳板视角(springboard perspective)对新兴市场企业的国际化展开了研究。他们分析了新兴市场跨国企业全球扩张的原理与动机、行为与战略、推力与助力、风险与挑战。Luo 和 Tung(2007)认为，新兴市场跨国企业把对外直接投资当作获取战略性资源的跳板，从而能与其他跨国公司竞争。由于新兴市场的跨国企业具有后来者劣势，它们为了克服这些劣势有可能采取一些比较激进、冒险的跳板行为，如直接以跨国并购的方式对发达国家的成熟跨国企业的核心资产进行购买，从而弥补可能的竞争优势不足等。新兴市场跨国企业的跳板行为也可能是因为这类企业在对外直接投资的过程中遭遇了多重压力而表现出来的行为。这些压力可能来源于后来者劣势、全球竞争者在其国内市场构成的威胁、技术与产品开发更新换代迅速、国内市场或体制的束缚等。另外，跳板行为也可能受到一些积极因素的推动，如：母国政府的支持、发达国家跨国公司销售或共享战略性资源的意愿、国际经济和全球生产网络的一体化等。同时，Luo 和 Tung(2007)也关注了新兴市场跨国企业在国际直接投资过程中可能面临的风险和挑战。而这些风险和挑战大部分来自于新兴市场跨国企业本身的原因，如治理能力不高、国际运作经验不丰富、管理能力和专业知识的缺乏、技术创新能力不足等。

新兴市场跨国企业非常重视组织理论学习和国际经验积累。

一、新兴市场跨国企业的界定

Luo 和 Tung(2007)将新兴市场跨国企业定义为来自新兴经济体进行对外直接投资，且在一个或多个国家对跨国界经营活动进行有效控制并从事价值增值活动的跨国企业。这一定义将一些大型企业排除在外，分别是：(1)来自新兴市场的仅仅从事进出口业务的大型公司，因为这类大型企业并没有开展对外直接投资活动；(2)在海外仅仅拥有少数股权以合资形式参与的新兴市场企业，因为它们不能有效地控制这些国外的合资企业；(3)不从事价值增值活动的跨国企业。这类企业包括那些在开曼、维尔京群岛等避税天堂投资的企业，因为这类企业在国外的投资目的主要是避税而不是增值活动；还有一些通过国际援助项目来加强母国和东道国政治、外交关系的公司，因为这类企业在国外的建设目的是国际援助而不是增值活动。Luo 和 Tung(2007)主要关注的是来自中国、印度、巴西、俄罗斯和墨西哥等新兴市场的跨国企业。

二、国际跳板的动机

Luo 和 Tung(2007)将跳板行为视为一项帮助企业在国际市场建立长期稳定的竞争地位而制定的战略。新兴市场企业通过国际跳板行为获得与国内外跨国公司竞争的关键资源，而且此类跳板行为是反复发生、循环往复的，追求较广泛的战略成果。对外扩张能为新兴市场企业带来国内市场没有或者不能替代的机遇。Luo 和 Tung(2007)认为，新兴市场跨国公司能长期生存、发展和成功的关键在于能将在母国国内市场形成的核心能力与在国外寻找机遇的能力结合起来。

国际跳板行为的产生可能是基于以下几个原因。

1. 弥补竞争劣势

这类行为发生在新兴市场国家企业对发达国家的直接投资。通过跨国并购收购发达国家具有专利技术的企业，获得复杂技术或先进的生产技能。新兴市场的跨国公司不像传统的跨国公司那样具备特定的所有权优势，它们往往通过国际扩张获取技术和品牌等资源来弥补自身在资源方面的不足。而一些发达国家的企业由于财务危机或重组需要也试图通过出售、转让或共享相关的技术、知识和品牌等，这正好能满足新兴市场跨国企业弥补竞争优势的国际扩张需求。

近年来，一些中国企业对欧美企业展开了并购，不仅获得了先进的相关技术、品牌，还获得了欧美企业原有的市场和客户。如 2016 年 8 月，美的集团耗资 37.07 亿欧元（近 292 亿元人民币）购买了库卡 KUKA94.55%的股份，从而成功收购了库卡。库卡集团成立于 1889 年 2 月，在成立 127 年后（2016 年）被美的集团收购。早在 1980 年，库卡集团就在德国法兰克福证交所上市。经过一百多年的发展，库卡集团已经成为全球领先的机器人及自动化生产设备和解决方案的供应商。根据国际机器人联合会（IFR）2015 年统计，库卡机器人在全球汽车制造领域的市场份额排第一。之后，美的宣布与库卡组建 3 家企业，分别发展工业机器人、医疗机器人和物流机器人业务。同时，美的将在广东顺德建立新的机器人生产基地。美的收购了库卡之后，加大了在华的研发投入，包括对应用和机器人本体的研发，以满足中国市场及客户对工业自动化的需求。作为全球四大机器人品牌（发那科、ABB、库卡和安川）之一，库卡拥有 4000 多项专利技术，而且有 150 多项专利技术能在中、美、日、欧、韩五个区域通用。因此，美的在此次收购中收获了库卡的技术和品牌，弥补了自身在机器人制造领域的不足。

2. 克服后来者劣势

新兴市场的跨国企业作为全球市场的后来者在客户网络、品牌知名度、技术实力与研发等方面存在先天性的不足，这种不足被称为后来者劣势。它们可能采用一些非路径依赖的方式，如在发达国家市场进行并购或战略资产开发等来克服后来者劣势。Luo 和 Tung（2007）区分了促进新兴工业化国家跨国公司和新兴市场跨国企业国际化的因素。他们认为，新兴工业化国家的国际化过程大多是渐近的、有路径可以依赖的，而且它们选择对外直接投资大多是外部因素推动的结果。这些外部因素包括货币升值、贸易顺差、劳动力短缺或成本上升、运营成本增加和国内需求不足等等。而新兴市场跨国企业对外直接投资主要是受自身发展需要的拉动因素的影响。比如：通过获取关键资源、先进技术、管理知识和进入海外市场等方式克服作为后来者的劣势。

以紫光集团为例，成立于1993年的紫光集团，专注于综合性集成电路，是当前中国最大的综合性集成电路企业之一。以长江存储为主的存储芯片、以紫光展锐为主的手机芯片和安全芯片等是紫光集团的主要芯片业务。紫光集团在2010年变为了混合所有制，之后完成了一系列跨国并购，成立了中外合资企业。如2013年，紫光集团通过收购美国的上市公司——展讯通信，进入集成电路芯片产业。2014年，紫光集团收购了另一家美国上市企业——锐迪科微电子，借此进入物联网芯片市场。2016年，紫光集团与美国西部数据公司成立了合资企业——紫光西数，从而将业务领域拓展到了大数据存储方面。2019年4月，紫光集团以22亿欧元(约166亿元人民币)完成了对法国芯片组件商Linxens的收购。通过以上并购和合资，紫光集团作为集成电路芯片行业、物联网芯片行业、大数据存储领域的后来者，成功进入了以上市场领域，克服了企业自身在技术、知识和管理存在的后发者劣势。紫光集团在2019年并购的Linxens，成立于20世纪80年代，总部位于法国，在全球拥有七个生产基地和四个研发中心，主要设计和制造连接各种智能IC卡的微连接器，是全球一些智能卡制造商、芯片制造商和模块制造商的供应商。紫光集团通过此次并购不仅获得了Linxens的品牌、技术和研发能力，还获得了相应的商业网络。基于以上的跨国并购和建立中外合资企业，紫光集团在技术研发方面取得了较大的进步，于2019年推出了5G通信技术平台—马卡鲁及其首款5G基带芯片——春藤510，意味着紫光集团的“紫光展锐”已经进入了全球5G第一梯队。

3. 在其他新兴或发展中国家发挥其竞争优势

一些新兴市场跨国企业在母国相应的领域处于领先地位。在一些比较成熟、开放的市场上，新兴市场跨国企业积累了大规模生产的经验，具有应用相关技术、先进机器设备、工具仪器、复杂材料和零部件的能力。而且，新兴市场跨国企业在母国生产经营的基础上已经形成了生产技术标准化产品的能力。这些能力正好成为新兴市场跨国企业在其他类似新兴或发展中国家投资的竞争优势。

中国桥梁行业“走出去”正是中国桥梁企业在母国积累了大量成熟的制造经验后，采用中国标准到其他发展中国家发挥桥梁建设的竞争优势。如中铁大桥局在孟加拉国建设了多座桥梁，不仅让世界同行业者认同了中国的桥梁建设能力，而且将中国标准采纳到了新的基础设施建设的国际标准中。在文莱大摩拉岛大桥建设过程中，中国交建研发了弯曲折叠式架桥机。在中马友谊大桥的建设中，中国交建克服了远洋深海珊瑚礁地质、深水长周期波和高温盐腐等环境下桥梁建设的难题，取得了突破性的进展。

三、蛙跳路径

Luo 和 Tung(2007)指出，新兴市场的跨国企业在对外投资方面的跳板行为可以通过几个蛙跳路径来实现。

1. 迅速国际化

第一个蛙跳路径是趋于迅速地进行国际化。传统进入国际市场的方式是“出口—销售子公司—生产设备”，通过这个过程逐渐增加投入市场的资源。而新兴市场的跨国企业作为后来者，只有加速国际化才能赶上全球市场的先行者。因而，一些新兴市场的跨国企业倾向于同时进入多个国外市场，并且倾向于采用风险较高、所有权和经营权控制程度较高的方式，如跨国并购和绿地新建等方式进入国际市场，以迅速地完成国际扩张。跨国并购是较快地获得品牌和技术的方式，也是一些新兴市场国家跨国企业常见的进入模式。为了更好地控制在国外的生产经营活动，一些新兴市场的跨国企业也选择绿地新建的方式进入东道国市场。

2. 跨国并购

Luo 和 Tung(2007)认为，第二个蛙跳路径是新兴市场的跨国企业在选择目标投资国时比较激进。传统企业国际化的进程是先进入与母国心理距离较小的外国市场，然后，逐渐进入心理距离较大的市场。这里的心理距离特指跨国企业因为母国和东道国在语言、文化、政治体制等方面的差异而产生的心理上的距离。通常，企业先进入其最了解的国外市场，这样，跨国企业较容易发现机会，不会明显地感觉到外来者劣势。因而，企业最初的国际投资和贸易行为更像是一种区域化的行为，而非国际化的行为。比如欧洲国家的跨国企业在欧盟内部的直接投资。但对于新兴市场的跨国企业而言，它们常常选择先进入欧美发达国家的市场，而这些市场对它们来说一般心理距离较大。那么，新兴市场国家的跨国企业在心理距离较大的海外市场直接投资如何来克服外来者劣势呢？它们往往通过跨国并购获得技术、关键零部件、产品开发知识、品牌、隐形知识和特有资源等来消除其劣势。这样一来，它们国际化的初始投资成本就比较高，因为跨国并购发达国家的企业并获得控制权所涉及的资金较高。新兴市场跨国企业一旦并购了发达国家的企业，不同于传统的通过外派高管的方式管理并购企业，它们较多地雇佣当地高管团队来管理收购后的子公司。这可能是因为新兴市场国家的外派人员在短期内较难了解发达国家市场的环境和运营。

既竞争又合作(竞合)是新兴市场跨国企业在母国和东道国运营时与其他全球化参与者的常见关系。一些新兴市场的跨国企业已经将竞争对手转化成了联盟伙伴，虽然在一些产品或地区存在竞争，但另一些领域已经形成了战略联盟。

第三节　对中国企业在“一带一路”OFDI 的启示

“一带一路”倡议提出以来，中国桥梁行业在“一带一路”沿线以国际竞标、援建、商务援助、中外合资修建等多种形式开展了基础设施建设，为

“一带一路”沿线国家的发展提供了交通便利。中国桥梁行业也把中国桥梁制造的标准、技术带向了“一带一路”沿线国家。根据跳板理论，中国桥梁企业正是在母国积累了桥梁建设的经验，在桥梁建设方面处于了领先地位，并形成了桥梁建设的中国标准、技术和能力，从而具备了向其他发展中国家投资的竞争优势。

中国桥梁企业在“一带一路”沿线国家的直接投资有以下几项：

1. 帕德玛公铁两用大桥(孟加拉国)

帕德玛公铁两用大桥位于孟加拉国境内，由中铁大桥局承建。2018 年 6 月，中铁大桥局完成了全桥的首联钢梁架设。帕德玛公路、铁路两用大桥是“一带一路”沿线国家中重要的交通支点项目，将成为泛亚铁路的重要通道。在帕德玛大桥的建设过程中，中铁大桥局运用了一些创新工艺，如：中铁大桥局采用了创新工艺——3200 吨钢梁整孔架设施工，而且在主桥钢梁上采用了全焊接技术。帕德玛大桥将把孟加拉国首都达卡与南部的 21 个区联接起来，为居民提供了交通便利。

中铁大桥局之所以能中标帕德玛大桥得益于该企业与孟加拉国长期的合作历史。早在 2004 年，中铁大桥局就完成了孟加拉国的桥梁项目——帕克西大桥，以世界一流的速度和过硬的工程质量赢得了孟加拉国的信赖。此外，中铁大桥局还在孟加拉国建设了 6 座小桥。

2. 黑河黑龙江大桥(阿穆尔河大桥)

黑河黑龙江大桥(阿穆尔河大桥)连接中国和俄罗斯两国，是第一座跨黑龙江公路桥。2016 年 12 月，黑河黑龙江公路大桥(阿穆尔河大桥)正式开工建设。该项目联接中国的黑龙江省与俄罗斯的阿穆尔州。整个桥梁路线长度为 19.9 公里。其中，黑河黑龙江大桥(阿穆尔河大桥)约三分之一长度在中国境内(6.5 公里)，而另外的三分之二长度在俄罗斯境内，长约 13.4 公里。

中俄双方共同完成了黑河黑龙江大桥(阿穆尔河大桥)的设计。其中，莫斯科国立桥梁建筑设计院、黑龙江省公路勘察设计院及上海市城市建设设计研究总院共同设计了桥梁，均采用了中俄双方最新的桥梁设计技术。在建设模式上，中国和俄罗斯双方成立了中俄合资企业，采用“贷款建桥、收费还贷”的跨境基础设施建设新模式，解决了桥梁建设资金短缺的难题。而且，中俄双方互派工作人员到对方驻地工作，保证中国、俄罗斯两段桥梁建设的同步进行。2019 年底，该桥梁的建设已经完成。黑河黑龙江大桥(阿穆尔河大桥)的建成将实现中俄两个地级市的互联互通，为“一带一路”沿线的中蒙俄经济走廊中的重要基础设施建设。

3. 中马友谊大桥

作为中马共建“一带一路”的重要合作项目，中马友谊大桥连接马尔代夫的首都马累、机场岛和胡鲁马累岛，不仅是马尔代夫的第一座桥梁，也是印度洋上的第一座跨海大桥，于 2016 年初开始施工建设。

2018 年 8 月，由中国援建的中马友谊大桥通车，9 月向公众开放使用。中马友谊大桥的投资总额 12.6 亿元，主要资金来源于中国。其中，45.6%为中国政府的无偿援助，46.2%为中国对马尔代夫的援外优惠贷款，8.2%为马尔代夫自筹的资金。中马友谊大桥由中交建二航局承建，在建设桥梁时采用了中国的标准、规范、技术和管理等。在中马友谊大桥的建设过程中，中交建在技术上克服了三大难题，分别是远洋深海珊瑚礁地质、深水长周期波和高温盐腐等。这些技术难题在之前的桥梁建造中没有经验可循，中马友谊大桥是第一座建造在珊瑚礁岩体上的跨海大桥。礁灰岩是孔洞发育，易碎，在珊瑚礁岩上修建桥梁的难度可想而知。中国项目团队通过无数次地实验，终于寻找到了在珊瑚礁上施工的新方法，攻克了这一世界性的难题。在修建中马友谊大桥的过程中，一些材料是从中国出口到马尔代夫，通过海运、空运到达目的地，带动了中国对马尔代夫的出口。中国在桥梁建设领域内积累了大量经验，提升了技术水平，为中国在其他发展中国家推广中国桥梁建设的标准、技术和装备奠定了基础。

4. 文莱大摩拉岛大桥

作为“21世纪海上丝绸之路”沿线的重要国家和节点，文莱以原油和天然气为经济发展的支柱产业。大摩拉岛大桥的建设将为文莱开发海上大摩拉岛石油和天然气工业园带来便利。大摩拉岛盛产石油和天然气，浙江恒逸集团就在大摩拉岛上投资新建了石油炼化厂。2015年3月，大摩拉岛大桥由中国交建的中国港湾中标设计、施工、总承包项目，由中交二航局负责施工。文莱大摩拉岛大桥连接文莱陆地和大摩拉岛。大摩拉岛大桥建设团队中方员工和外方员工的比例为1∶3。项目的核心管理人员、关键技术人才是来自中国港湾的中国员工；其他一般管理人员、工程师和普通员工则从文莱和周边国家招聘，实现了员工队伍的本土化。大摩拉岛大桥在建设过程中，在大桥西侧引桥施工阶段，由于受地形限制相当于拐了一个90度的弯，中国交建的技术人员也因此研发了弯曲折叠式架桥机。建桥所需要的一些设备都是从中国进口而来，也拉动了中国对文莱的设备出口。2018年5月，由二航局承建的文莱大摩拉岛大桥顺利建成。

第五章
国际直接投资理论的新发展与中国企业国际化的创新

第一节　国际新创企业与“天生全球化”(Born Global)企业

随着国际直接投资的进一步发展，出现了一些在创立初期就实施国际化的企业，这类企业被称为国际新创企业(International New Venture，INV)或天生全球化企业(Born Global，BG)。Oviatt和McDougall(1994)、Knight和Cavusgil(2004)的两篇论文分别提出了国际新创企业(INV)和天生全球化企业(BG)的概念，并获得了JIBS(Journal of International Business Studies)十年奖。自此，“早期国际化”现象逐渐被学界广泛关注和研究。

一、国际新创企业(International New Venture，INV)

1. 国际新创企业的定义

企业在创立初期就开始涉及国际化业务这一现象最早出现于20世纪八十年代初期，之后这一现象开始不断地增长，尤其在高科技行业颇为多见。这些企业在融资、产品制造和销售等多个环节展开了国际化运作。Oviatt 和 McDougall(1994)最早提出了国际新创企业(INV)的定义，他们认为国际新创企业是那些从一开始就寻求在多个国家使用资源和销售产品以建立显著竞争优势的商业组织。他们强调企业成为国际企业的年龄，即在企业成立之初就开始国际化。这些国际新创企业与传统企业的国际化不同，它们虽然一开始就涉足国际化，但不一定在国外直接投资，拥有国外的资产。它们可能以战略联盟的形式利用国外的资源，如国际化生产或市场营销等。因而，国际新创企业主要关注于以国际化方式实现价值增值，而并不一定拥有海外资产。

基于国际新创企业的研究主要是案例研究方法，常见于对创业学者的研究中。这是因为拥有国际经验和机会识别能力的创业者能够把多个国家的资源进行有效地整合并满足国际市场的需求(Coviello 和 Munro，1992；Simon 和 Shrader，1994)。关于国际新创企业的案例研究发现，国际新创企业之所以能取得成功，主要在于在公司成立之初就具备国际化的视野，强大的营销网络，创新性的产品或服务，注重国际销售业务的增长等(McDougall，Shane 和 Oviatt，1994)。全球化的各种力量，如数字经济的发展、互联网信息技术的普及、区域经济一体化的发展等，推动着国际新创企业的发展。国际经济、技术和社会环境的不断变化使得跨国企业拥有了多种优势来源。国际通信、网络联系、交通运输等因素在速度、质量和效率上不断提升，大大降低了跨国交换的交易成本(Porter，1990)。同时，国际融资的机会增多，人力资本也具有较强的国际流动性(Valeriano，1991；Johnston，1991)。国际新创企业的市场不太稳定，投资风险较大。一些国家的市场出现同质化趋势，这使得国际商务行为被管理者、企业家和员工所理解并接受。这样，对于那些先天的、有价值的特定资产就能成为新创企业的特定竞争优势，从而，有助于新创企业克服外来者劣势，进入国际市场，成为国际新创企业。

2. 国际新创企业持续发展的充要条件

Oviatt 和 McDougall(1994)认为，国际新创企业的可持续发展需要具备四个充分必要条件，分别是：部分交易在企业组织中被内部化，灵活的交易治理结构，优于本土企业的海外区位优势和独特的资源等。前三项为国际新创企业实现可持续发展的必要条件，而非充分条件。独特的资源则为国际新创企业可持续发展的充分条件。在这些条件中，海外区位优势和独特的资源对国际新创企业尤为重要。

私有知识具备一些特殊的属性（Buckley 和 Casson，1976；Caves，1982）。知识能为国际新创企业提供区位优势的属性，因为知识一旦产生就具备较大的流动性。借助互联网等现代通讯设施，有价值的知识能够被多次创造，并以几乎为零的边际成本，像光速一样从一个国家传播到另一个国家的组织机构中。如各种 APP 软件程序一旦被开发出来，程序编好后就能以很低的边际成本被拷贝和循环使用，从而，直接销售到海外市场。知识可以在多个国家与流动性较小的其他资源结合，形成竞争的区位优势。因而，专有隐性知识能同时在多个国家使用，为国际新创企业带来竞争优势，从而克服在东道国市场面临的外来者劣势，在本土企业和其他跨国公司的竞争中生存下来。所以，知识密集型行业中拥有有价值知识的新创企业能够在成立之初即实施国际化战略。因此，拥有有价值的创新产品或服务，具备独特的知识，是国际新创企业持续发展的关键因素之一。而行业中的竞争者则会尽一切努力破解国际新创企业的独特知识中的秘密，或者在短期内研发具有同样功效的替代性知识。这样一来，新创企业所面临的激烈竞争环境迫使它们在成立之初就选择国际化战略，能在较短的时间内收回高额的研发成本，迅速地满足消费者需求并占领市场份额。

对以知识为基础的国际新创企业而言，知识具有容易传播的特性，该特性不利于企业依赖知识获取长期的租金收入，即：知识的独特性可能并不长久。国际新创企业通常具备知识再造和以几乎为零的额外成本传播知识的能力。然而，国际新创企业同时也需要限制其他国家的局外人对其独特知识的使用，这样才能有利于国际新创企业的可持续发展。对独特知识的应用的限制通常有四种情况，分别是知识产权保护、不可模仿性、许可经营和网络治理结构等。知识产权保护是通过专利、版权或商业机密等多种形式的产权保护，使有价值和稀缺知识内部化的国际新创企业能够抑制模仿或延缓替代知识的出现。对于国际新创企业而言，具有潜在商业价值的知识需要以秘密手段加以保护。作为保护专有知识产权的不可模仿性是指企业拥有独特的组织历史、复杂的知识、模糊性等使得竞争对手难以模仿企业的知识创新，一些国际新创企业的不可模仿性还表现在独特的管理风格和组织文化。许可经营是另外一种限制外部使用新创企业知识的方式，当新创企业的知识价值可以长期维持时，企业可以通过较低的许可费用满足一些企业的需求，有效抑制知识扩散的速度。但当一些知识的价值的时间周期很短时，企业就会制定较高的许可价格，从而能够在短期能获得较高的许可收入，弥补高额的研发成本，在知识的价值失效之前尽可能多地获得最大租金。Oviatt 和 McDougall(1994)指出，网络治理结构也是一种限制创新知识被外部使用的方式。新创企业处于一个商业网络中，与互补企业便形成了战略联盟。网络中的企业便形成了利益共同体，固有的关系具有维护网络成员共同利益的意愿。因而，新创企业网络成员在一定程度上是维护企业知识保护的。

3. 国际新创企业的分类

Oviatt 和 McDougall(1994) 从两个维度(价值链活动的协调数量、所进入国家的数量)对国际新创企业的类型进行了划分。他们把国际新创企业分为四类，分别是进出口新创企业、多国贸易商、地理聚焦的新创企业和全球新创企业等。其中，进出口新创企业和多国贸易商涉及的价值链跨国协调活动较少，仅仅局限于进口和出口的物流活动。所不同的是，进出口新创企业仅仅服务于创业者所熟悉的少数几个国家，而多国贸易商则服务于较多的国家，并不断在多个国家寻求贸易机会。地理聚焦的新创企业，顾名思义服务的国家比较少，主要集中于少数地理区域。与进出口新创企业不同，地理聚焦的新创企业所涉及的价值链协调活动比较多，除了国际之间的进出口物流活动之外，还可能在价值链增值的其他环节展开跨国协调活动，比如：产品研发、生产制造、技术创新等。在这些价值链增值的多个环节，隐含着企业的一些隐形知识和社会复杂性，这构成了地理聚焦的新创企业的竞争优势。全球新创企业不仅协调价值链增值的多个环节，而且服务的地理区位比较广泛，在较多的国家开展国际化经营业务。全球新创企业关注全球市场的变化，立足于满足全球市场需求；而且在全球寻找机会、获取资源、制造和销售产品，力争在全球市场获得价值最大化。因而，全球新创企业是国际新创企业中创建难度最大的类型。全球新创企业的竞争优势源于在多个国家的企业网络联盟、隐形知识、模糊性和不可模仿性。

二、天生全球化企业(Born Global，BG)

天生全球化企业(BG)更具有典型的特征，通常是指从成立之日起或接近成立之初开始，就寻求在国际市场销售企业的产品，企业销售收入中有较大比例来源于国际市场(Knight and Cavusgil，2004)。天生全球化企业大多为年轻企业，一般以出口实现国际化，也可能在国外展开生产制造等价值链增值活动。但是，实际上很少有企业在成立之初就能在全球范围内开展业务，相反，它们一般是将出口活动开展在有限的地理区域内。因而，“天生全球化企业”概念与国际新创企业相比，并不太准确。

三、早期国际化的动因

为什么企业会在成立之初就实施国际化战略呢？学界对这一问题展开了激烈的讨论。一部分学者认为，企业选择早期国际化战略的推动因素是外部环境的变化。随着国际市场自由化的进一步发展，企业在区域经济一体化的大框架下到邻近国家生产、销售产品变得更加容易。信息和通讯技术缩短了国家与国家之间的心理距离，地理距离的影响也因此而变弱。互联网的出现和数字经济的发展使得企业在创立之初就涉足国际市场变得更加便利。跨境电子商务如阿里巴巴全球速卖通(Aliexpress)平台的发展，使得一些企业在成立不久就能借助跨境电商平台将产品销售到国际市场。国际国内两个市场的规模和发展机会、行业的增长状况、竞争企业的国际化程度都可能诱发企业做出早期国际化的战略选择(Fan 和 Phan，2007)。除了企业的外部环境之外，企业自身的内部因素也可能促进早期国际化的发展。如企业的创始人具有较强的冒险精神并主动实施国际化战略，或者企业创始人在以前的职业生涯中积累了丰富的国际商务经验。这些企业内部因素都可能对早期国际化产生重要的影响(Acedo and Jones，2007)。也有学者认为，企业家对国外市场在投资风险、成本收益方面的评估有助于其形成公司层面的发展战略，对企业国际化的时机选择也能产生影响(Gil-Pechuan et al.，2013)。之后，学者们还从组织资源、能力、网络关系、联盟、社会资本和市场机会等多个角度对企业的早期国际化展开了研究(Chandra et al.，2012；Di Gregorio et al.，2008)。

第二节　数字跨国公司和数字平台的兴起

数字经济的蓬勃发展催生了一批数字跨国公司和数字平台企业。一些数字企业因为其隐形知识、独特资源和能力等形成竞争优势，而且数字产品一旦研制出来，能够以几乎为零的边际成本转移、传播到多个国家中。随着网络通信的发展，地理距离的重要性变弱，心理距离和文化距离的影响变得越来越大。数字经济的发展使得一些数字企业在成立之初就选择了国际化战略，实现了早期国际化。如 Google 商店里的 App(Application 的缩写，应用程序)、苹果商店 App(App store)、华为应用市场 App 等的开发商，它们的产品一旦开发出来，就放入这些网上商店中，实现了国际化销售。以 App store 为例，它可以在全球 150 多个不同的国家和地区销售。应用程序 App 的国际化需要适应不同国家和地区的语言、文化和地区特点。因此，App 的国际化通常需要将应用翻译成多国语言。应用程序 App 是软件国际化的一种形式。在数字经济时代，很多软件产品在开发的过程中就考虑到了国际化的因素，因而，在软件设计、文档开发的过程中，就使得产品的功能和代码设计能够适应世界上多种语言和文化习俗。这样，在将软件投入不同语言国家的市场时，就不需要对设计源程序代码的软件工程方法进行重新设计。故而，在软件产品的研发阶段就考虑到了最终产品的销售国际化。

另外，一些数字平台的兴起，如阿里巴巴全球速卖通(Aliexpress)能有效地帮助企业将产品销售到国外市场，特别是一些创立之初的企业。一些数字企业在成立之初就实现了国际化，成为数字领域的国际新创企业。

第三节　中国企业在“一带一路”的发展新契机

跨境电商的发展为国际新创企业或天生全球化企业的蓬勃发展提供了平台。通过这些数字跨境电商平台(Cross-Border E-commerce Platform，简称 CBEP)，即使是新成立的企业也能借助国际跨境电商的渠道销售到国外市场，从而实施早期国际化的战略。中国国内的跨境电商平台除了全球速卖通(AliExpress)之外，还包括敦煌网、大龙网等。这些跨境电商平台典型的特色是借助互联网信息技术为广大中小企业和国外买家构建大型的网上交流平台，降低搜寻成本、沟通成本和交易成本。同时，线下物流网络、营销网络等一系列运作能产生集群效应、规模效应，有助于形成企业网络联盟，使得越来越多的中小企业有可能成为国际新创企业或天生全球化企业。

一、全球速卖通(Aliexpress)

2010 年，阿里巴巴成立了国际在线交易平台全球速卖通(Aliexpress)。全球速卖通是目前中国最大的跨境电商平台，在全球 220 多个国家和地区实现了在线销售，在“一带一路”沿线的国家和地区均有物流和销售网络。速卖通为中国中小企业产品出口提供帮助，直通海外国际市场，销售排名靠前的服务市场包括俄罗斯、美国、西班牙、巴西和法国等国家。销售的产品主要集中在日用消费品方面，包括家居、饰品、服装服饰等 30 多个一级行业。海外买家成交数量突破了 1.5 亿，提供世界上 18 种语言的在线翻译功能，全球买家可以使用 51 个国家本土的在线支付方式。跨境电子商务平台为国内卖家和国外买家提供了及时交流的信息化平台，提升了交易双方的信息对称性。跨境电商平台也为中国品牌国际化提供了有利的条件，店铺展示、商品展示、定制化产品和服务等能全面向卖家展示产品的品牌形象，满足消费者差异化的需求。通过全球速卖通平台，一些中小企业在创立之初，就有可能将产品销售到国外市场，实现国际化战略。而且，这些中小企业之间可能形成企业网络联盟，在全球化的过程中相互学习交流一些东道国市场的消费习惯、风俗、文化特点等隐形知识，克服对东道国政府政策、法规等不了解的外来者劣势。

二、敦煌网

敦煌网由王树彤女士创立于2004年，致力于帮助中小企业通过在线平台开展国际贸易，是中小额B2B的海外电子商务的创新者。敦煌网自建DHgate平台，为中小企业和海外消费者搭建一个相互交流的互联网信息平台。2015年，敦煌网推出了中国第一个基于跨境电商的双边合作项目，即：中国—土耳其“数字丝绸之路”电子商务综合服务平台项目。在该项目的帮助下，有近一千家土耳其中小企业和2.2万余家中国中小企业在平台上实现了在线经营。截至2018年7月，敦煌网已经拥有200多个物流线路，运营中的海外仓有17个，服务覆盖海外222个国家和地区。建立了数字贸易智能生态体系DTIS，供应商数量超过220万，全球买家超过2800万，在线商品数量超过2300万，为中小企业在成立之初就将产品销售到国际市场提供了跨境贸易的可能。敦煌网与速卖通的不同在于，敦煌网注重跨境电商的双边合作。

三、大龙网

成立于2010年3月的大龙网是国家商务部首批跨境电商试点企业之一。其立足于制造业，为中国制造业成为全球品牌商、供应商和跨境电商提供孵化服务。大龙网的业务范围包括跨境金融服务、立足于为中国制造业企业提供平台增值运营服务等。大龙网聚焦于中国制造业，旨在为制造企业提供跨境电商 B2B 商机服务平台和跨境实业互联服务平台。大龙网与国家“一带一路”倡议相结合，为约 44 亿人口、21 万亿美元的“一带一路”区域提供服务。当前，大龙网分别在俄罗斯莫斯科、波兰华沙、德国杜伊斯堡、越南胡志明、印尼雅加达、柬埔寨金边、阿联酋迪拜、印度新德里、沙特和巴林等“一带一路”沿线的国家和地区成立了组织机构，这些机构包括海外本土化服务办公室和中国品牌的样品体验中心，帮助中国的制造业企业顺利走进“一带一路”市场的同时，也为“一带一路”买家和消费者提供产品体验的机会和服务。

大龙网比较有特色的是为制造业企业推出了跨境全程订单旅行服务，即：FBO（Fulfillment By OSell），帮助制造业企业实现跨境出口，是 B2B 本土化服务中心。除此之外，大龙网还包括 OConnect 跨境品牌集采中心、龙工场跨境电商产业园等。与速卖通、敦煌网不同，大龙网主要定位于服务中国制造企业，不仅提供跨境销售的平台，也帮助制造业企业的国际品牌运作、提供金融服务等一体化的全方位服务。在区域上，大龙网主要集中于“一带一路”沿线国家和地区，与国家的“一带一路”倡议紧密结合。因此，一些制造业领域的国际新创企业能借助大龙网在创立之初就进入“一带一路”沿线的国家和地区。

第六章
国际贸易理论与中国企业在“一带一路”的国际化

第一节 国际贸易的基本理论

国际贸易的基本理论阐述了国家之间发生产品贸易的根本原因，即当生产同一产品时，不同国家之间可能存在的劳动力成本差异、资源要素禀赋差异等，这种差异的客观存在促进了国际贸易和国际分工的产生，通过国际贸易，这些国家之间能从国际分工中获得益处。关于国际贸易基本理论的研究经历了从亚当·斯密的绝对优势理论到大卫·李嘉图的比较优势理论，再到赫克歇尔·俄林的要素禀赋论的发展历程。本章将在分析以上理论的基础上，探讨中国企业在“一带一路”沿线国家和地区开展国际贸易的动机和促进因素。

一、绝对优势理论

1776年，亚当·斯密(Adam Smith)发表了重要的学术著作《国富论》，他在此书中对重商主义进行了批判，提出了自由主义的经济思想理论。亚当·特别是在国际贸易领域，提出了著名的主张自由贸易的绝对成本优势理论。亚当·斯密提出，人类拥有交换的天然倾向，从利己角度出发与他人进行产品交换，从而达到利己的目的。基于人类追求利己的本性，通过市场这只“无形之手”可以为社会和人类带来福利。正是因为交换的存在，才产生了分工，分工大大提高了劳动效率。而国际贸易在促进国际分工的同时，也大大提高了国际贸易参与国的劳动效率。分工的原则在于各自专注生产自己具有优势的产品，然后相互之间实现交换。亚当·斯密认为，劳动分工同样也适用于国家之间，如果国外的产品价格比本国生产的成本要低，就适合从国外进口，而出口本国有利条件下生产的产品。每个国家都有其自身特点的资源禀赋，都有生产某些产品的绝对有利的条件。因而，如果每个国家都生产其具有绝对优势的产品，并与其他国家进行产品交换。这样，每个国家都能从中受益。亚当·斯密认为，国际分工的前提条件是各国拥有独特的先天有利的自然资源或后天有利的生产条件，因而在生产某一产品方面处于绝对优势的地位。各国都生产自己具有绝对优势的产品，然后，通过交换从中获得福利。这一理论被称为绝对优势理论。

然而，亚当·斯密的绝对优势理论并不能解释所有的国际贸易现象。特别是一些国家在几乎所有产品的生产方面都不具备绝对优势，但也从事国际贸易活动；而一些国家在几乎所有产品的生产方面都具备绝对优势，但并不都进行国际贸易活动的现象。为了解释以上经济现象，英国经济学家大卫·李嘉图(David Ricardo)提出了比较优势理论。

二、比较优势理论

在英国工业革命深入发展的大背景下，大卫·李嘉图在他的著作《政治经济学及其赋税原理》中对亚当·斯密的绝对优势理论进行了发展。他指出，虽然国际分工促进了国际贸易，但起关键性作用的是比较优势。如果两个国家都生产自身具有比较优势的产品，然后进行产品交换，这两个国家也能从中受益。一国不仅出口自身具有绝对优势的产品，也能出口具有比较优势的产品，这样，在国际贸易中都能获益。只要一国在生产某一产品方面，具有比较成本优势，就可以生产并进行国际贸易。大卫·李嘉图主要从劳动力成本角度分析了国际贸易产生的动因，认为一国在生产某一产品上的劳动力成本具有比较成本优势时，就可以通过国际贸易与其他国家交换这一国家具有劳动力成本比较优势的产品。从而实现贸易交换的国家都能从中受益。但是，生产产品的成本优势不仅仅表现在劳动力成本方面，还包括其他资源优势。

三、要素禀赋论

20世纪二十年代，瑞士经济学家伊莱·赫克歇尔(Eli · Heckscher)和波迪尔·俄林(Bertil · Ohin)对比较优势理论进行了补充。他们认为，生产要素的丰裕程度会影响国际贸易的产生和流向。要素禀赋论将影响国际贸易的比较成本优势的要素从劳动力扩展到了包含劳动力、资本在内的所有资源要素上。要素禀赋论借鉴了新古典经济学的思想，也被称为新古典国际贸易理论。因为要素禀赋不同，生产不同产品导致的成本不同，因而，同样的产品在不同国家生产后销售的价格也就存在差异。这样，由于各国要素禀赋丰裕程度的差异导致的产品生产成本和价格的差异促进了国际贸易的产生。因此，一国可能出口较密集地使用该国丰裕的生产要素生产的产品，而进口较密集地使用该国所稀缺的生产要素生产的产品。这样，参与国际贸易的国家都能从中受益。

第二节　国际贸易理论对中国与“一带一路”沿线国家之间国际贸易的启示

绝对优势理论、比较优势理论和要素禀赋论在一定程度上解释了一些国家为什么在某些产品出口方面具有竞争优势，以上国际贸易的基本理论对当前中国与“一带一路”沿线国家之间的国际贸易是否能产生一些启示呢？本节将从一些中国具有独特优势的产业出发，结合国际贸易的基本理论展开分析。

一、中国茶叶在“一带一路”沿线国家的出口

绝对优势理论、比较优势理论和要素禀赋论都能解释中国茶叶的出口贸易。中国是世界上最早种植茶叶的国家。早在5000多年之前，中国的劳动人民就发现了茶叶具有解毒、解乏等多种功效。从此中国开始了茶树的种植和茶叶的生产。因而，茶叶在中国种植的历史非常悠久，而且中国的土壤、水分、气候条件也比较适合种植茶叶。因而，中国在种植茶叶方面与一些国家相比具有绝对优势或比较优势。“一带一路”倡议为中国茶叶贸易拓宽了销售渠道。据统计，2015年，中国出口“一带一路”沿线国家的茶叶高达8.2万吨，同比增长了15.2%。特别是在东盟、中东欧等“一带一路”地区的出口增长明显提升。

1. 全球茶叶生产、出口与进口的现状与分布

根据国际茶叶委员会的数据统计，2018年，全球茶叶总产量585万吨，比2017年增长了2.78%；全球茶叶出口185万吨，同比增加3.43%(宫宇坤，2020)。2018年，世界十大茶叶生产国分别为中国、印度、肯尼亚、斯里兰卡、土耳其、越南、印度尼西亚、阿根廷、孟加拉国和日本等。其中，中国的茶叶产量高达261.6万吨，占到2018年全球茶叶产量的44.67%，将近占到全球茶叶产量的一半。同时，印度作为产茶第二大国，2018年的茶叶产量高达131.16万吨，占全球茶叶产量的22.40%。可见，仅中国和印度的茶叶产量就占据了全球茶叶市场的三分之二。另外，肯尼亚、斯里兰卡、土耳其、越南、印度尼西亚和孟加拉国等“一带一路”沿线国家也属于世界上茶叶产量前十位的国家。全球茶叶产量前十位的国家2018年的茶叶产量合计551.64万吨，占到茶叶产量总量的94.19%。

从2018年全球茶叶出口的统计数据来看，非洲国家肯尼亚的茶叶出口排第一，出口量达47.48万吨，占到全球茶叶出口的25.63%。而肯尼亚2018年的茶叶产量为49.29万吨，由此可见，肯尼亚2018年的茶叶产量中96.33%用于了出口，仅仅3.67%的茶叶在肯尼亚本国国内消费。2018

年，中国茶叶出口 36.47 万吨，占到全球茶叶出口的 19.69%。中国 2018 年的茶叶产量为 261.6 万吨，中国茶叶出口仅占当年茶叶总产量的 13.94%。可见，中国不仅是一个世界茶叶生产大国，也是一个全球茶叶消费大国。

表 6-1　　**2018 年全球茶叶产量前十名的国家及占比**

排名	国家	生产量(万吨)	占比
1	中国	261.6	44.67%
2	印度	131.16	22.40%
3	肯尼亚	49.29	8.42%
4	斯里兰卡	30.38	5.19%
5	土耳其	25.2	4.30%
6	越南	16.8	2.87%
7	印度尼西亚	13.1	2.24%
8	孟加拉国	8.21	1.40%
9	阿根廷	8	1.37%
10	日本	7.9	1.35%
	合计	551.64	94.19%
	全球产量	585.64	

数据来源：国际茶叶委员会统计数据。

斯里兰卡、印度、越南、阿根廷和印度尼西亚等属于 2018 年茶叶产量前十名的国家，也是世界茶叶出口前十位的国家。非洲国家乌干达、马拉维和坦桑尼亚等三个国家也是全球茶叶出口前十位的国家。而且，2018 年全球出口排名前十位的国家的出口量高达 173.08 万吨，占到世界茶叶出口总量 185.25 万吨的 93.43%。可见，不论是全球茶叶产量，还是全球茶叶出口，都高度集中在世界前十位的少数国家中。

表 6-2　　2018 年全球茶叶出口前十位的国家及占比

排名	国家	出口量(万吨)	占比
1	肯尼亚	47.48	25.63%
2	中国	36.47	19.69%
3	斯里兰卡	27.17	14.67%
4	印度	24.51	13.23%
5	越南	13.6	7.34%
6	阿根廷	7.8	4.21%
7	乌干达	5	2.70%
8	印度尼西亚	4.9	2.65%
9	马拉维	3.48	1.88%
10	坦桑尼亚	2.67	1.44%
	合计	173.08	93.43%
	全球总出口量	185.25	

数据来源：国际茶叶委员会统计数据。

然而，从茶叶进口国的角度来看，巴基斯坦、俄罗斯、独联体(除俄)、埃及和伊朗等“一带一路”国家位列 2018 年全球茶叶进口前十名的国家。从整体来看，茶叶进口国分布相对茶叶生产国、出口国而言比较分散。2018 年，茶叶进口第一的国家——巴基斯坦进口茶叶 19.18 万吨，占全球茶叶进口的 11.04%。即使全球茶叶进口前十位国家的进口总额也仅占到全球茶叶进口总额的 57.76%。除了美国和英国之外，其他全球进口前十位的国家均为“一带一路”沿线的亚、欧、非大陆的国家。可见，茶叶的生产大国和消费大国大多数为“一带一路”沿线国家，“一带一路”倡议促进了茶叶生产国、消费国之间的交流和贸易。

表 6-3　　**2018 年全球进口茶叶前十名的国家**

排名	国家	进口量(万吨)	占比
1	巴基斯坦	19.18	11.04%
2	俄罗斯	15.3	8.80%
3	美国	13.9	8.00%
4	英国	10.78	6.20%
5	独联体(除俄)	9	5.18%
6	埃及	8.2	4.72%
7	摩洛哥	7.3	4.20%
8	伊朗	6.36	3.66%
9	迪拜	6.3	3.62%
10	伊拉克	4.06	2.34%
	合计	100.38	57.76%
	全球总进口量	173.8	

数据来源：国际茶叶委员会统计数据。

2. 中国与肯尼亚的茶叶贸易

根据国际茶叶委员会的数据统计，2018 年中国是第一大茶叶生产国和第二大茶叶出口国，而肯尼亚是第三大茶叶生产国和第一大茶叶出口国。2018 年中国的茶叶产量中仅有 13.94%用于出口，即：261.6 万吨茶叶中仅 36.47 万吨出口，绝大部分茶叶用于国内消费。而肯尼亚不一样，2018 年 49.29 万吨的茶叶中，就有 47.48 万吨用于出口，占到该国茶叶产量的 96.33%。可见，中国与肯尼亚的不同在于肯尼亚的茶叶主要用于出口而国内消费较少。尽管如此，在茶叶产业，中国和肯尼亚仍然有较大的合作空间。

肯尼亚主要生产 CTC 茶，即茶叶通过压碎 Crush、撕裂 Baitear、揉卷 Curl 等过程加工，被不同转速的滚筒挤压、撕切、卷曲而成的颗粒状的碎茶。CTC茶一般被制造成茶包的形式供消费者饮用。近年来，肯尼亚也开始种植绿茶和其他特种茶。肯尼亚在茶叶方面不断突破创新，在红茶、绿茶和中草药茶的生产方面不断增长，而且研制除了紫茶、黑茶、调味茶、白茶、黄茶、乌龙茶、茶油和茶叶提取物等。特别是在特种茶的制造方面，2018年肯尼亚已制造特种茶3000万公斤。肯尼亚政府也通过出台一系列的政策支持本国的茶叶发展，如：在发放许可证、改善制造茶叶条件和提供设备等多方面给予支持。

肯尼亚与中国可以在绿茶和凉茶领域合作，在茶叶研发方面共同合作。中国和肯尼亚都是茶叶生产大国，中国以生产优质的绿茶、黄茶和白茶为主，以出口绿茶为主。而肯尼亚主要种植的是红茶。两国在茶叶的种植品种上存在互补。

3. 中国与斯里兰卡的茶叶贸易

从统计数据来看，2018年斯里兰卡是第四大茶业生产国，也是第三大茶叶出口国。茶叶生产30.38万吨，而茶叶出口则为27.17万吨，茶叶出口占到了斯里兰卡茶叶总产量的89.43%，与肯尼亚的生产出口比例比较类似。斯里兰卡以生产红茶为主，是世界上主要的红茶生产国和出口国。斯里兰卡的锡兰茶以高品质、好口感获得了世界越来越多消费者的喜爱。2018年，斯里兰卡的茶叶出口产值高达12.5亿元，主要出口区域为亚洲国家和俄罗斯，其中较大一部分被出口到了中国。斯里兰卡的茶叶还出口到阿联酋、叙利亚和土耳其等国家。同时，斯里兰卡也从中国和印度进口茶叶。2018年，斯里兰卡从中国进口茶叶300万公斤左右。中国以种植绿茶、黄茶和白茶为主，大量出口绿茶。中国与斯里兰卡在茶叶领域可以开展大量合作。斯里兰卡属于南亚，是“一带一路”沿线的国家之一。“一带一路”倡议将有助于中国与斯里兰卡在茶叶方面的合作和贸易。

4. 中国对乌克兰的茶叶贸易

乌克兰也是“一带一路”沿线的国家之一。尽管乌克兰不产茶叶，但乌克兰国民的茶叶消费量较大。乌克兰的茶叶主要从中国、斯里兰卡和印度等茶叶生产大国进口。中国对乌克兰的茶叶贸易由来已久，早在1679年中国就与乌克兰签订了第一份出口茶叶的合同。自2013年中国发起“一带一路”倡议以来，得到了乌克兰的积极响应，中国和乌克兰双方分别在2013年、2017年签署了战略合作规划。但就乌克兰当前的茶叶市场来看，茶叶品牌以俄罗斯、斯里兰卡、英国和乌克兰本土的茶叶品牌为主，这些品牌占据了乌克兰茶叶市场的60%左右。中国茶叶对乌克兰的出口还有较大的发展空间。中国茶叶还需注重茶叶品牌的建设，打造一批世界知名的高品质的茶叶品牌。

总之，从2018年全球茶叶的生产、出口和进口来看，世界茶叶生产、消费主要集中于“一带一路”沿线国家。“一带一路”倡议的提出必将促进沿线各国之间的茶叶交流和贸易。

第三节　波特的钻石模型及借鉴

一、钻石理论模型的四个关键要素

20世纪九十年代，哈佛商学院的迈克尔·波特(Micheal Porter)在他的著作《国家的竞争优势》一书中提出了钻石模型。该模型分析了一些国家在某一行业取得国际竞争优势的原因。波特对10个国家100个产业集群进行了系统的研究。他发现，一些国家在某些行业具有国际竞争优势是因为这些国家的整个行业都在培育竞争力。企业都不是孤立地存在，每一家企业都有供应商、分销商、竞争对手等。一些国家的某些行业已经形成了产业集群，这些集群中的不同企业和辅助基础设施都具备独特的优势，具有千丝万缕的网络联系，并形成了规模经济。这些集群内在的竞争优势是难以模仿和超越的。因而，这些集群中的企业就拥有了国际贸易中的国际竞争优势。波特将一个国家某一产业集群具有国际竞争优势的决定条件总结为四个方面的主要因素，认为是这四个方面因素内在的相互作用形成了国际贸易的国际竞争优势(如图 6-1 所示)。

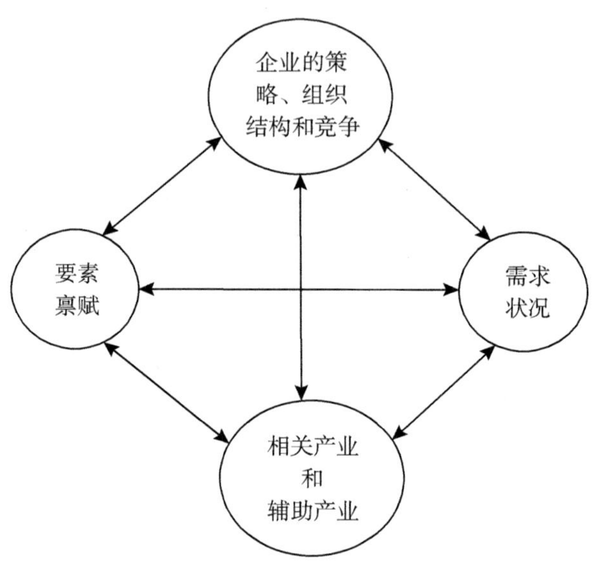

图 6-1　波特的钻石理论模型

在钻石模型中，一个国家的要素禀赋、需求状况、相关产业和辅助产业的发展及企业的策略、组织结构和竞争构成了钻石模型的关键四要素。钻石条件最有利的企业和行业能够形成国际贸易的国际竞争优势，从而在国际贸易领域处于领先地位。在钻石模型关键四要素中，要素禀赋不仅包含自然资源、气候、地理位置和人口等基础要素，也包括通信设施、互联网、科技设备、技术诀窍和高技术劳动者等高级要素。基础要素具有先天性，而高级要素可以通过政府、企业和个人的努力来培育和发展。因此，在钻石模型中，政府可以通过提高其国民受教育水平、基础设施建设、促进科技进步和研发等方式提升高级要素的水平，企业可以通过员工培训、研发投入等提升高级要素的水平。在需求状况方面，波特认为当一个国家的消费者比较挑剔时会促进国内企业提高产品质量和提供多样化的产品。国内需求状况能促进一国某一行业的企业创新和提高产品质量，从而增强企业的竞争力，从整个国家和行业来看，就能提高国际竞争优势。另外，相关产业和辅助行业的发展对一个国家某一行业的发展也至关重要。产业之间是相互关联的，相关产业和辅助产业的技术进步、效率提升都能影响某一产业的发展，使得一国在某一产业方面取得并保持国际竞争优势。最后，企业自身的发展策略、组织结构和竞争实力也能影响一国某一行业的国际竞争优势。企业行为也会受到国家文化、管理理念和技术进步等多方面因素的影响。反之，企业的行为也会影响一国在某一行业的国际竞争力。当一国在某一行业的企业之间存在激烈的竞争时，这些竞争也能促使竞争企业不断加大研发力度，提升生产效率，通过创新提高产品质量，以标准化的生产方式降低产品成本，根据消费者需求的多样化提供多样化的产品。

波特认为，要建立一个具有国际竞争优势的产业集群并不是一件容易的事情。钻石模型中的四个关键要素两两之间相互影响，而且影响效果有正有负，也可能相互抵消。政府政策对以上四个关键要素都能产生影响。政府的教育政策、补贴、金融政策都可能影响到要素禀赋；政府对产品的标准化规定可能影响消费者的需求；政府政策也可能对相关产业和辅助产业造成影响，通过法律法规、税收政策等影响相关产业和辅助产业的发展。政府政策也可能影响企业所处的外部环境，从而影响一国某一行业企业之间的竞争。

二、中国的国际竞争优势与在“一带一路”沿线的国际贸易

波特的钻石理论试图解释一个国家某些产业在国际上具有国际竞争优势的原因。除了国家的要素禀赋、需求状况、相关产业和辅助产业的发展及企业的策略、组织结构和竞争等四个关键要素外，政府政策也会影响这四个要素之间的相互作用，对一国某一产业的国际竞争优势产生影响。

“一带一路”倡议提出来之后，中国与“一带一路”沿线国家的国际贸易正在以较快的速度增长。根据2020年9月中国商务部国际贸易经济合作研究院发布的《中国“一带一路”贸易投资发展报告2020》中的数据，中国与“一带一路”沿线国家的货物贸易总额已经从2013年的1.04万亿美元增加

到了 2019 年的 1.34 万亿美元。截至 2020 年 5 月，已经有 138 个国家、30 个国际组织与中国签署了 200 份共建“一带一路”的合作文件。2019 年中国与这 138 各国家的国际货物贸易总额达 1.90 万亿美元，占中国国际贸易总额的 41.5%。其中，出口略高于进口，货物出口 9837.6 亿美元，进口 9713.9 亿美元。在服务贸易方面，2019 年中国与“一带一路”国家的服务贸易总额高达 1178.8 亿美元。其中，服务贸易的进口是出口的两倍还多，服务进口 798.2 亿美元，服务出口 380.6 亿美元。可见，中国在“一带一路”沿线国家的国际贸易不论是货物还是服务都呈现出明显的增长趋势。

在中国的众多行业中，有一些具有独特优势的行业，比如中医药行业就具有明显的中国特色。中医药是古代丝绸之路上国家间合作交流的主要内容。本部分将从波特钻石理论的视角分析中国中医药行业的国际竞争优势。

中医药学堪称“中国古代科学的瑰宝”。早在 20 世纪 70 年代，世界卫生组织承认了中医的治疗价值。1972 年，屠呦呦成功提取到青蒿素。接着，以青蒿素为基础的联合疗法(ACT)有效地降低了全球疟疾患者的死亡率，挽救了全球数百万人的生命，成为世界卫生组织推荐的治疗疟疾的最佳疗法。2015 年 10 月，因为发现了青蒿素，屠呦呦获得了诺贝尔生理学或医学奖，成为中医药成果在世界范围内获得的最高奖项。当前，中医药的价值越来越受到世界的关注。从 2019 年末到 2020 年，新冠肺炎在全球范围内爆发，中医药在新冠肺炎的治疗中也发挥了重要的作用。在中国，已经有一些针对新冠肺炎的院内制剂获得批准，其中，清肺排毒汤、肺炎一号方等方剂对新冠肺炎的治疗效果较好。除此之外，在养生、治病等多个方面，中医药也存在独特的优势。在中医药“走出去”方面，“一带一路”中医药发展建设规划已经形成，中国计划在国外建立 30 个中医药高质量研究中心和中医药国际合作基地，在中医药临床诊治、科学研究等多个方面开展合作。

2019 年 6 月，世界中医药大会第五届夏季峰会召开，国家中医药管理局局长于文明指出，中国中医药已经传播到了 183 个国家和地区，中国与

40 多个国外政府、地区和组织签署了专门的中医药合作协议。相关统计资料显示，每年来华学习中医药的外国留学生超过 1.3 多人，不仅如此，从境外来华进行中医药治疗和服务的患者也达到了约 20 万人次。

(1)要素禀赋

中医药是中华民族医药的统称，是中华民族对疾病、养生和健康的长期研究和发展形成的独特理论和技术方法的中国医药体系，区别于西方医药体系。中医药是中国传统文化的一部分。在中医药种植、中成药制作等方面，中国具有天然的气候、自然资源等方面的禀赋。在中成药的配方等技术知识层面也具备独特的竞争优势。中国政府对中医药发展的大力支持也能提升中国在中医药方面的要素水平。在高级要素方面，中国各大中医药大学、研究机构培养了大量的中医药人才，同时掌握中医药知识和外语的复合型人才有助于中医药行业的国际化。如：长春中医药大学是中国教育部第一批批准培养外国留学生学习中医的院校，已经与韩国、日本、俄罗斯、美国和荷兰等亚洲和欧美国家签署了合作协议。2020 年，长春中医药大学就有来自 24 个国家和地区的大约 200 名留学生就读。中医药企业在中医药研发方面也投入了大量科研资金，研发出了许多新产品。以上措施都能提升中医药行业的高级要素水平。

从原材料考虑，中医药具有绿色、天然的特征，中医药种植是中医药国际化的一个关键环节。中医药产业包括中医药种植、中药材研发、品牌推广、市场销售等多个环节，每个环节都拥有进一步发展和提升的空间。其中，中医药种植环节在“一带一路”沿线国家也有了一定的发展。自 2016 以来，长春中医药大学就参与了俄罗斯的“2035 年国家战略发展植物药种植项目”，分别在俄罗斯多个地区进行中医药种植试验，这些地区包括莫斯科州、图拉州、图瓦地区和阿尔泰边疆区等。中方向该项目外派了技术人员，试验发现俄罗斯的气候土壤环境比较适合一些中医药的种植，可以为中医药产业化发展提供原材料。

(2)需求状况

随着人们对健康和保健意识的增加，在中医药的需求方面呈现出多样化。为了满足消费者的需求，如方便携带和服用、准确计量和好口感等，中医药企业进行了一系列创新，开发出了大量中医药饮片。而且，在生产设备方面采用高度自动化和智能化的设备代替老的、产能低下的旧设备。

当前，中医药在“一带一路”沿线国家的认可度呈现出一定的差异。其中，在东南亚、南亚地区，中医药得到了一些国家政府和民众的较高认可。泰国很多民众都知道云南白药，对中医针灸也比较感兴趣。新加坡的一些公立医院里也提供针灸治疗服务。据统计，云南每年有来自周边国家的留学生近 800 名，从周边国家到云南接受中医治疗和服务的患者约 12 万人次。在中亚、西亚和非洲的一些国家和地区，政府对中医药或传统医药缺乏立法和管理；而欧洲一些国家从安全性的角度考虑，在中医药领域的限制性法律法规较多，不利于中医药领域的国际合作。在欧洲国家，民众对针灸的接受度较高，而对汤剂等其他治疗方式接受度较低。中医药国际化的一个关键问题是标准化。中医药在“一带一路”沿线的发展涉及治疗、教育和科研等多个领域，特别需要解决标准化、贸易壁垒和法律等相关的问题。

(3) 相关产业和辅助产业

在数字经济时代，互联网、大数据、人工智能等新技术的涌现也有助于中医药的推广和国际化。消费者和医生可以通过互联网和社交平台缩短时空距离。如国内的好大夫网站可以帮助消费者了解疾病、医生、病人的相关信息，为病人和医生提供及时交流的平台。中医药行业的代表性企业同仁堂也在 2016 年 12 月推出了同仁堂国际中医药“走出去”平台。通过全球供应链整合，来自全球的用户都可以通过在线平台购买中医药产品。而且，在线平台也提供一些健康服务、中医健康等方面的知识。中医药行业与互联网行业的融合发展能促进中医药行业的快速发展。

中医药相关的传统文化产业是中医药行业的相关产业之一。中医药在“一带一路”的国际化需要注重中医药等中国传统文化产业在“一带一路”沿线国家的推广、交流和互动。如从 2013 年开始，上海中医药博物馆已与十多个国家开展了国际交流，促进了中医药文化的海外传播。援外医疗队也可以加强中医药在国外的推广。因此，中医药在“一带一路”的推广需要中医药文化交流先行。

(4)企业的策略、组织结构和竞争

中医药企业的策略、组织结构和竞争也会影响到整个中医药行业的国际竞争优势。一些中医药企业比较重视新产品研发。以同仁堂为例，在“十三五”期间，同仁堂一共研发了265个新产品。而且，作为中医药企业的典型代表，同仁堂很早就开始了国际化战略。在20世纪90年代，同仁堂就进入了英国市场，截至2017年5月，同仁堂已经在国外26个国家和地区开设了130多家门店。同仁堂不仅在线下开设了多家国际化的门店，而且在数字经济崛起的浪潮中积极打造中医药“走出去”的线上平台。企业的竞争策略对中医药行业的国际竞争优势的影响至关重要。

(5)政府政策和国际组织的推崇

波特在钻石理论模型中指出，政府政策对以上四个关键要素都能产生影响，不仅如此，还会对企业所处的外部环境产生影响。就中医药行业在“一带一路”的国际化而言，中国也出台了一系列的政策和措施。例如，2017年1月，中国发布了《中医药“一带一路”发展规划(2016—2020年)》，在该规划中，中国计划构建20项中医药的国际标准，同时计划与“一带一路”沿线国家合作成立50多家中医药对外交流示范基地。世界中医药学会联合会也在积极为中医药的国际化努力，截至2017年1月已经制定了包括《中医药常用的名词术语翻译标准》在内的17个标准。其中，《中医药常用的名词术语翻译标准》收集了6000多条中医药常用名词术语，并发布了中文—英语、中文—法语、中文—西班牙语、中文—意大利语、中文—葡萄牙语、中文—俄语、中文—匈牙利语在内的欧洲多国语言翻译的对照标准。

除此之外，中国还与一些国外政府机构建立了中医合作机构。如2015年9月，中国—捷克中医中心由中国与捷克两国政府成立，旨在促进两国在中医药领域开展合作。2019年4月，中国—捷克中医中心迁至捷克首都布拉格，该中心为中医药在捷克的推广起到了重要作用。这是中东欧地区第一家由两国政府支持成立的中医中心，上海中医药大学附属曙光医院与赫拉德茨市医院合作开办，致力于中医药领域的治疗、研发和临床试验，是中医药在“一带一路”发展的第一个项目。除了捷克之外，中国政府也与黑山、马其顿、波兰、克罗地亚等中东欧国家签署了中医药领域的合作协议。中国政府的积极支持为在“一带一路”沿线的中东欧国家提供中医药服务，传播中医药传统文化提供了保障。接着，2015 年 11 月，中法中医药中心由中国江苏省中医院与法国巴黎公立医院集团比提耶医院合作成立，该中心成立在比提耶医院院内。中法中医药中心成立的主旨在于展示中医药科学、文化和信息交流，促进中法两国的医学专家之间进行科研合作和交流培训等，包括中医药临床研究和治疗等。另外，中国还与俄罗斯相关机构建立了中医药研究中心。北京中医药大学圣彼得堡中医中心就是北京中医药大学与俄罗斯多家集团、大学和科研机构合作的项目，旨在实现“中医药走出去”在俄罗斯的发展。目前，中医药科学已经进入俄罗斯高等教育体系，成为中医药在“一带一路”沿线发展的关键节点。2016 年 8 月，中国—澳大利亚中医药中心由北京中医药大学和西悉尼大学联合成立。该中心旨在打造一个关于中医药教育、科研、临床治疗和中医药文化交流的平台。

中医药的传统治疗包括针灸、推拿和汤剂等，中医药的现代产品包括中成药等。在这些治疗方法和产品中，中医针灸在世界很多国家都得到了政府部门和民众的认可。中医针灸已经进入了联合国教科文组织的“人类非物质文化遗产代表作名录”。中医传统名著——《本草纲目》和《黄帝内经》被列入了“世界记忆名录”。而且中医药技术委员会在国际标准化组织(ISO)中成立，并有超过 10 条中医药国际标准被制定出来。世界卫生组织也认可了中医药的治疗之家，将中医药作为传统医学之一纳入世界卫生组织国际疾病分类代码(ICD-11)。

现状与案例篇

第七章　中国企业在“一带一路”的建设

企业是“一带一路”建设的主体。本章主要从企业层面分析中国在“一带一路”沿线国家的发展状况。

第一节　建设“一带一路”的中国企业概况

一、“一带一路”建设中影响力排名前50的企业

2017年，国家信息中心“一带一路”大数据中心发布的《“一带一路”大数据报告(2017)》(以下简称《报告》)，列出了在“一带一路”建设中影响力排名前50的企业。《报告》发现，在前50名的企业中，民营企业占比多于中央国企和地方国企，以上三类企业所占比例分别为42%，36%和20%。其中，合资企业仅仅占到了2%。可见，民营企业和国有企业是中国企业在“一带一路”建设的主要力量。民营企业和国有企业都拥有各自对外直接投资的竞争优势。在“一带一路”建设中，国有企业在基础设施建设领域如修路、修桥、修港口、修电站等工程承包方面拥有竞争优势；民营企业则在产业园区的加工制造业、商业贸易等方面更具备竞争优势。民营企业经营灵活，应对管理环境变化的能力较强，对外直接投资的效率较高，将成为中国企业投资“一带一路”沿线国家的主力军之一。全国工商联对民营企业500强进行了研究，它们在2017年的报告中指出500强民营企业中有274家参与了“一带一路”建设。可见，半数以上的500强民营企业进入了

"一带一路"国家。

二、"一带一路"建设中影响力前10的企业

《"一带一路"大数据报告(2017)》中列出的在"一带一路"建设中排名前十的企业分别是：国家电网、国家电力、中国石油、中国石化、阿里巴巴、中国铁道建筑、中国中车、华为、中国银行和中国移动等(见表7-1)。从影响力排名来看，前十位的建设企业大多是国有企业，国企占到八家；而仅仅只有两家民营企业进入了影响力十强，分别是阿里巴巴和华为。这可能是因为民营企业的规模普遍偏小，而"一带一路"领域的基础设施建设所需资金巨大，一般民营企业很难拥有雄厚的资金实力承接大型的基础设施项目。而国有企业在基础设施建设方面，能有效地融资，在基础设施建设上拥有丰富的实践经验，能应对东道国复杂多边的经营环境，抗风险能力较强。

表7-1　**"一带一路"建设中影响力排名前十的企业**

排名	企业	性质
1	国家电网公司	国企
2	国家电力投资集团公司	国企
3	中国石油天然气集团公司	国企
4	中国石油化工集团公司	国企
5	阿里巴巴(中国)有限公司	民企
6	中国铁道建筑总公司	国企
7	中国中车股份有限公司	国企
8	华为技术有限公司	民企
9	中国银行	国企
10	中国移动通信集团公司	国企

数据来源：《"一带一路"大数据报告(2017)》。

三、“一带一路”建设中企业的行业分布

从“一带一路”建设中影响力排名前50名的企业的行业分布来看，这些企业主要分布在制造业，占到了40%的比重(见表7-2)。

表7-2　　“一带一路”建设影响力前50强企业的行业分布

排名	行业	比重
1	制造业	40%
2	建筑业	12%
3	金融业	10%
4	信息传输、软件和信息技术服务业	10%
5	房地产业	8%
6	采矿业	6%
7	电力、热力、燃气及水生产和供应业	6%
8	交通运输、仓储业和邮政业	4%
9	其他	4%

数据来源：《“一带一路”大数据报告(2017)》。

可见，目前在“一带一路”投资的具有影响力的中国企业主要属于制造业。剩下的依次是建筑业，金融业，信息传输、软件和信息技术服务业，所占比重分别为12%、10%、10%。“一带一路”建设的基础设施领域，如：修路、修桥、修水电站、修大坝等等都属于建筑行业。这些企业在“一带一路”建设中直接投资，涉及的资金额巨大，需要银行金融业的资金支持，因而，金融业所占的比重也较大。当前，正处于数字经济发展的初期，在倡导建设“数字丝绸之路”的战略下，信息传输、软件和信息技术服务业等企业将起到关键性的作用，因而，所占的比重也比较大。在有影响力的前50强企业中，房地产行业所占的比重达到了8%，可见，房地产也

是中国企业在“一带一路”建设的主要行业之一。另外，采矿业，电力、热力、燃气及水生产和供应业等两个自然资源类的行业均占6%的比重。“一带一路”沿线国家拥有丰富的自然资源，对自然资源行业的直接投资也是中国企业在“一带一路”沿线的关键行业之一。最后，交通运输、仓储业和邮政业这一行业占到了4%的比重。随着数字经济、跨境电商和电子商务的兴起，中国企业在“一带一路”沿线国家的数字经济领域的直接投资也促进了辅助行业和相关行业的发展。而交通运输、仓储业和邮政业正是与之相关的辅助行业。

第二节　建设“一带一路”的代表性企业

在《“一带一路”大数据报告(2017)》中，影响力排名前50企业中的央企和地方国企分别占到了36%和20%，两者加总意味着国有企业在影响力前50的企业中占比高达56%。可见，国有企业仍是中国在“一带一路”沿线直接投资的主力军。本节将详细分析影响力排名前十的企业中所包含的大型国有企业在“一带一路”建设的直接投资的现状、发展历程和趋势等。

1. 国家电网有限公司在“一带一路”建设的投资情况

国家电网有限公司是一家与国计民生、国家能源安全息息相关的大型央企。公司主要业务涵盖电网的投资、建设和运营等，同时提供安全、清洁、经济、可持续电力供应等多方面的电力服务。随着“一带一路”倡议的发起，国家电网有限公司在“一带一路”沿线国家加大了直接投资。在多条经济走廊的能源合作中，如中巴、中蒙俄、孟中印缅、中国—中亚—西亚、新亚欧大陆桥等，国家电网为中国与这些国家和地区的电网互联互通做出了贡献。在亚洲，国家电网在菲律宾和中国香港地区分别投资运营了能源网公司；在欧洲，国家电网在葡萄牙、意大利和希腊等国有电网投资运营项目；除此之外，在南美洲的巴西、澳洲的澳大利亚等国家也有电网投资项目。特别是在巴西，国家电网有限公司已经中标了两个特高压工程项目，将其所拥有的在技术、装备、标准和人才等方面的优势都运用到了巴西的电网项目中。国家电网在以上七个国家的直接投资都是关系当地国计民生的重要基础设施。

截至2019年4月，国家电网在境外的投资总额高达210亿美元，在境外管理的总资产超过655亿美元。除了对外直接投资，国家电网有限公司还积极地在海外承包工程，承包工程的合同总金额达到了400亿美元。在海外承包工程的建设中，也将中国国家电网相关的设备出口到了80多个国家和地区。国家电网有限公司在服务“一带一路”建设的电力基础设施建设方面贡献较大。特别是在与“一带一路”沿线国家的电力规划、电网运营管理等方面加强合作交流，为“一带一路”沿线发展中国家的电力发展提供技术支持。在国际上，国家电网有限公司还积极地参与国际标准的制定，建立了系统的特高压交直流、智能电网技术标准体系，拥有了这些国际标准的主导权，有利于国家电网有限公司在“一带一路”沿线国家的进一步发展。

“一带一路”倡议旨在连接欧亚非大陆，促进经济、文化等多个方面的互联互通。非洲多国存在电力短缺的现象，这些资源的匮乏直接限制了非洲多国经济社会的发展。在埃塞俄比亚，国家电网有限公司对GDHA500千伏输变电工程进行了投资。2015年12月，该输变电工程顺利完工，成为非洲最先进的输变电工程，大大改善了埃塞俄比亚和邻国民众的生活，使他们用上了清洁的水电。2019年4月，在老挝万象国家电网有限公司举行了500千伏环网输变电工程的奠基开工仪式。该项目完成之后，老挝能够联通南北电网，有效开发水电资源。

在“一带一路”沿线的国家和地区，国家电网有限公司承担了一些代表性电网工程项目，如：埃及的EETC500千伏主干网升级工程、巴基斯坦的默蒂亚里-拉合尔和默蒂亚里(卡西姆港)—费萨拉巴德输变电项目等。在跨国输电线路方面，国家电网有限公司已经建成了包括中俄、中蒙、中吉等在内的10条输电线路。其中，国家电网有限公司的全资子公司——中电装备公司承包了埃及的EETC500千伏主干网升级工程。该项目改变了埃及长期电力缺乏的困境，为埃及的经济社会发展注入了活力。在巴基斯坦，2015 年 4 月国家电网有限公司建设了第一条高压直流输电项目，即：默蒂亚里-拉合尔和默蒂亚里(卡西姆港)—费萨拉巴德输变电项目。该项目由国家电网有限公司与巴基斯坦水电部合作建设，促进了中巴经济走廊的能源合作项目。

2. 国家电力投资集团公司在“一带一路”建设的投资情况

2015 年 5 月，国家电力投资集团公司(简称“国家电投”)成立，该公司由原来的中国电力投资集团公司和国家核电技术有限公司合并重组形成，是中国唯一一家拥有水电、火电、核电和新能源资产的综合能源企业，是中国五大发电集团之一。国家电投的经营业务不仅包括水电、火电、核电、太阳能发电、风电和煤炭等能源方面的业务，还包括物流、铝业、环保和金融等多元化业务。在“一带一路”沿线的一些国家，如马耳他、印度、土耳其、南非、巴基斯坦和缅甸等，国家电投都有投资运营项目。截至 2017 年 4 月，国家电投的国际化足迹已经涉及到了 40 个国家和地区，不仅包括电力项目投资，也包括技术合作和承包工程建设等。这些项目实现了国家电投在国外的 128 万千瓦的投运电力装机容量，目前在建的电力装机容量达到 1150. 77 万千瓦。

国家电投在“一带一路”沿线国家运营的项目包括土耳其第三核电项目、缅甸伊江水电项目、马耳他能源合作项目、巴基斯坦卡拉奇电力公司并购项目、巴基斯坦中电胡布燃煤发电项目、土耳其胡努特鲁燃煤发电项目等，此外还对对外承包项目提供运营维护服务。

国家电投在对外直接投资的区位选择时注重东道国与中国的双边政治经贸关系是否稳定、市场潜力是否较大、风险是否可控等多方面的因素。国家电投的对外直接投资的区位选择比较有特色，在一些发展中国家如南非、土耳其、巴西和保加利亚等主要进行核电开发；在一些新兴市场国家如巴基斯坦、土耳其、越南和印度等主要进行清洁火电的开发；而在欧美发达国家则主要是开发水电和新能源等。

国家电投在对“一带一路”沿线国家直接投资的同时，也积极为东道国提供一些援助，这些援助涉及科教文卫、抗震救灾和脱贫致富等。例如：国家电投在缅甸的伊江公司为移民村的村民进行疟疾、登革热等传染病的防治和义诊服务，惠及伊江项目周边社区约2600人。国家电投的中电国际巴基斯坦代表处也曾对发生在2015年的巴基斯坦地震展开抗震救灾活动。中电国际巴基斯坦代表处也非常注重员工的本地化，为当地民众提供就业机会。国家电网的伊江公司在当地帮助建设竹筷加工厂，以帮助当地居民脱贫致富。同时，伊江公司的员工自愿捐款设立“伊江水电奖学金”，以资助当地的优秀学生。通过以上援助项目，国际电投就能较快地融入东道国社会生活，为东道国民众提供一些帮助，增加国际电投在当地的合法性。

3. 中国石油在“一带一路”建设的投资情况

中国石油与“一带一路”沿线国家的油气合作最早开始于1997年，中国石油承担了哈萨克斯坦阿克纠宾大型油气合作项目。截至2017年底，中国石油在俄罗斯、哈萨克斯坦、土库曼斯坦、伊拉克、伊朗、印尼和新加坡等国家都开展了油气合作项目。在基础设施建设方面，中国石油建设了四大油气运输通道，分别是：中亚天然气管道、中哈原油管道、中俄原油管道和中缅油气管道，形成了一张连通中国和周边国家的油气供应网络。而且，中国石油还在“一带一路”沿线国家建设了三大油气运营中心，帮助一些“一带一路”沿线石油资源丰富的国家如苏丹建立起了完备的石油工业体系。中俄油气合作项目也是中国在“一带一路”沿线的主要投资合作项目。这些合作项目包括：中俄原油管道建设运营、中俄天然气(东线)管道建设运营、油气进口与贸易等工程。2014年5月，中国石油与俄罗斯天然气公司签署了为期30年、年供气约380亿立方米的《中俄东线天然气购销协议》。2015年6月，中俄天然气(东线)管道项目开始建设。截至2016年底，中俄原油管道输送原油累计突破了九千万吨。据统计，中国石油已经在“一带一路”沿线的21个国家拥有投资合作项目。中国石油在20世纪90年代就开始进入哈萨克斯坦和苏丹，帮助苏丹建立起了完整的石油工业体系。除了加拿大和南美洲的一些国家(包括哥斯达黎加、委内瑞拉、厄瓜多尔和秘鲁等)，中国石油海外的主要合作区域分布在欧亚非大陆上，见表 7-3。截至 2019 年 4 月，中国石油已经在全球 34 个国家和地区管理和运营 92 个油气合作项目。其中，有 21 个国家属于“一带一路”沿线国家，可见，“一带一路”地区是中国石油国际合作的重点。

表 7-3　　**中国石油在“一带一路”沿线的主要合作项目**

<table>
<tr><th>序号</th><th></th><th>国家</th><th>进入年份</th><th>合作项目</th></tr>
<tr><td>1</td><td rowspan="2">北亚</td><td>俄罗斯</td><td>2009</td><td>中俄原油管道的建设运营、中俄天然气(东线)管道的建设运营、油气进口与贸易</td></tr>
<tr><td>2</td><td>蒙古</td><td>2005</td><td>开展油气勘探开发，以作业者身份运作蒙古国塔木察格项目。</td></tr>
<tr><td>3</td><td rowspan="8">西亚、中东</td><td>哈萨克斯坦</td><td>1997</td><td>阿克纠宾油气田、PK 公司、MMG 公司以及北布扎齐、艾旦、中哈原油管道</td></tr>
<tr><td>4</td><td>土库曼斯坦</td><td>2008</td><td>中亚天然气管道项目、阿姆河天然气项目</td></tr>
<tr><td>5</td><td>乌兹别克斯坦</td><td>2006</td><td>中亚天然气管道项目</td></tr>
<tr><td>6</td><td>阿塞拜疆</td><td>2016</td><td>阿塞拜疆油气项目</td></tr>
<tr><td>7</td><td>伊朗</td><td>2015</td><td>伊朗北阿扎德甘油田开发项目、采油厂</td></tr>
<tr><td>8</td><td>叙利亚</td><td>2013</td><td>与叙利亚石油和矿产资源部、叙利亚国家石油公司签署叙利亚《格贝贝油田开发生产合同》，接管格贝贝油田</td></tr>
<tr><td>9</td><td>伊拉克</td><td>2008</td><td>伊拉克油田项目(哈法亚项目)</td></tr>
<tr><td>10</td><td>阿曼</td><td>2002</td><td>在阿曼开展油气投资和油气田工程技术服务等业务，中标阿曼国家石油公司三维勘探项目、Lekhwair 钻井综合服务项目</td></tr>
</table>

续表

序号		国家	进入年份	合作项目
11	南亚	缅甸	2010	中缅油气管道，中缅油气管道气、油双线并行，管道全长 2380 千米
12		印度尼西亚	2002	从美国戴文能源公司购得，中国石油平均持股 45%
13	非洲	突尼斯	2002	突尼斯工程技术服务，在突尼斯提供钻井服务
14		阿尔及利亚	2016	中国石油下属中国石油工程建设公司与阿尔及利亚国家石油公司签署阿尔及尔炼油厂改扩建项目
15		利比亚	2005	油气投资、油气田工程技术服务
16		苏丹	1996	帮助苏丹建立起完整的现代石油工业体系，从原先的石油进口国成为石油出口国，被称为"非洲国家工业化的样本"
17		乍得	2007	获得 H 区块勘探开发项目 100%作业权。油气投资、油气田工程技术服务
18		尼日尔	2003	在尼日尔拥有 Bilma 和 Tenere 两个勘探开发区块和一个上下游一体化项目，油气投资、油气田工程技术服务
19		毛里塔尼亚	2004	油气投资、油气田工程技术服务等业务，钻井、试油及综合地质研究
20		尼日利亚	2006	油气投资、油气田工程技术服务业务，与尼日利亚政府签署石油合作协议，并中标尼日利亚四个区块
21		赤道几内亚	2006	主要在赤道几内亚 M 区块开展油气投资业务。

资料来源：根据人民网资料整理。

4. 中国石化在"一带一路"建设的投资情况

"一带一路"沿线国家是中国石化国外油气合作的主要战略区。早在

1992年中国石化就中标了科威特的阿哈迈迪炼厂修复项目，开始了国际化的第一步。2004年通过跨国并购购买了美国第一国际石油公司而进入了哈萨克斯坦市场。中国石化在“一带一路”沿线的代表性合作项目见表7-4。可见，中国石化在“一带一路”沿线的大型投资合作项目较多地采用跨国并购的方式进入当地市场，并且注重与当地企业的合作。

表7-4　**中国石化在“一带一路”沿线国家投资合作的代表性项目**

序号	国家	进入年份	进入模式	项　目
1	科威特	1992	承包工程	阿哈迈迪炼厂修复项目
2	哈萨克斯坦	2004	跨国并购	并购美国第一国际石油公司在哈的项目
3	俄罗斯	2006	联合收购	与俄罗斯石油公司联合收购的乌德穆尔特石油股份公司(UDM)
4	埃及	2014	跨国并购	埃及阿帕奇资产收购项目
5	沙特阿拉伯	2016	中外合作	沙特延布2000万吨/年炼厂
6	科威特	2008	联合承包	阿祖尔炼厂，是中国石化与西班牙TR、韩国韩华工程建设通过联合体总承包管理模式完成的一个大型EPCC项目，按照欧美标准体系运作。
7	新加坡	2010	绿地新建	建立海外工厂——中国石化润滑油(新加坡)有限责任公司的新加坡润滑油脂项目
8	马来西亚	2017	出口	中国石化成为联合钢铁最大的油脂供应商及合作伙伴

数据来源：根据商务部网站资料整理。

目前，中国石化已经在30多个“一带一路”沿线国家开展了多层次、多方位的投资合作。这些合作包括油气勘探开发、石油冶炼项目及服务、石油工程服务、石油产品和设备的国际贸易等。其中，截至2018年底，中国石化在“一带一路”沿线的10个国家有17个油气勘探合作开发项目，累计投资金额高达 206 亿美元；在“一带一路”区域的 4 个国家有 5 个石油冶炼项目，并提供相关仓储物流服务，投资金额高达 45 亿美元。这几个石油炼化项目分别是：沙特阿拉伯的延布炼厂合资项目、俄罗斯的西布尔公司参股项目和克拉斯诺亚尔斯克丁腈橡胶合资项目、新加坡的润滑油脂及配套码头项目、阿联酋的富查伊拉仓储项目、荷兰的 VESTA 仓储项目等。其中，在沙特阿拉伯和俄罗斯的 2 个项目均为参股或合资项目。以上项目在 2019 年年底已经投入了 47 亿美元的资金，实现了炼油能力每年可达 750 万吨，仓储能力达到每年 136 万立方米。

在石油工程服务方面，中国石化的国际化业务主要分布在沙特、科威特、厄瓜多尔和阿尔及利亚等“一带一路”沿线国家。据统计，截至 2019 年底，中国石化在 43 个国家承担了石油工程服务项目，项目合同共计 507 个，合同金额高达 199.46 亿美元。另外，在炼化工程服务方面，2019 年中国石化在阿曼、乌兹别克斯坦等“一带一路”沿线国家新签合同金额达 9.65 亿美元。截至 2019 年底，中国石化在境外 15 个国家拥有 63 个炼化工程服务项目，项目金额高达 69.47 亿美元。在国际贸易方面，中国石化与 59 个“一带一路”沿线国家之间展开了石油产品及设备的进出口活动，与“一带一路”沿线国家的 125 家供应商和 154 家采购商建立起了进出口合作的商业网络，工业贸易金额达到 112 亿美元。

中国石化在“一带一路”沿线国家的直接投资和国际贸易为这些国家带来了较多的就业机会，增加了这些国家的财政税收收入，提高了社会福利。据统计，2011—2018 年的八年间，中国石化每年能为“一带一路”沿线国家提供 1.6 万左右的就业岗位，向这些国家缴纳税费达 160 亿元左右。以中国石化在沙特阿拉伯的延布炼厂为例，中国石化在沙特阿拉伯的直接投资直接为当地新增了 6000 多个就业岗位。其合资企业更是实现了员工的高度本地化，沙特阿拉伯的当地员工数量就达到了 1100 多名，占合资企业员工总数的 86%左右。

中国石化提出了在“一带一路”发展的合作构想——4322，即：4 大业务链条(油气、炼化、工程服务和国际贸易等四类业务)；3 大战略合作区

(分别是：中亚各国-俄罗斯-东欧战略合作区、中东(西亚)-北非战略合作区、东南亚-南亚战略合作区)；2大贸易平台(线下传统进出口贸易平台、线上“易派客”物资采购电子商务平台)；2大创新中心(北美和中东两个创新中心)。通过这一构想进一步深化中国石化在“一带一路”的直接投资和国际合作。集中于四大业务链等价值链增值的环节，选择三大片区作为纵深发展的关键区位，充分利用互联网、电子商务等数字技术优势提高投资运作效率。同时，注重产品和技术创新，在北美和中东片区建立了两个创新中心。

5. 中国铁道建筑在“一带一路”建设的投资情况

作为特大型央企，中国铁道建筑集团有限公司(以下简称“中国铁建”)下辖27个集团公司，经营范围非常广泛，包括铁路、地铁、公路、机场、港口、码头、隧道、桥梁、水利电力和邮电等相关的项目承包、技术咨询和服务。

中国铁建在“一带一路”沿线国家进行了广泛的对外直接投资和对外援助。截至2019年4月，中国铁建已经在44个“一带一路”国家建立了境外分支机构，实施的项目总数高达225个，占海外总项目的25%左右。中国铁建的员工本地化程度比较高，在境外主要聘用当地员工，当地员工占总员工的比重超过了90%，为当地社会提供了大量的就业机会。“一带一路”倡议提出来之后，在2014—2019年间中国铁建在“一带一路”地区签订了一批新合同，合同金额高达1689亿元，营业收入达到565亿元。

同时，中国企业在“一带一路”沿线国家参与了多个产业园区的建设。这些产业园包括尼日利亚的莱基自贸区、埃塞俄比亚的阿瓦萨工业园(Hawassa)、德雷达瓦工业园(Dire Dawa)、阿达玛工业园(Adama)、马克雷(Mekele)工业园、科姆博查(Kombolcha)工业园和中白工业园等。其中，尼日利亚的莱基自贸区由中国铁建承建。埃塞俄比亚的阿达玛和德雷达瓦工业园由中国土木工程集团公司耗资1.25亿美元和1.9亿美元承建。中白工业园由中工国际承建。以尼日利亚的莱基自贸区为例，截至2018年底已经吸引了128家中外企业入驻。已有63家企业完成了1.85亿美元的投资额，总产值1.92亿美元，自贸区进出口总额高达3.16亿美元。中国铁建在积极建设“一带一路”的同时，也带动了相关产业和辅助产业约50多家企业共同投资“一带一路”地区。这些行业包括工程机械、钢、化工、纺织和汽车制造等众多领域。另外，中国铁建在“一带一路”地区的直接投资也带动中国原材料、机械设备在“一带一路”沿线国家的出口，据统计中国铁建累计采购国内原材料和机械设备价值180亿元以上。

中国铁建的主要优势在于铁路和城市轨道交通的建设。到目前为止，中国铁建参与了“一带一路”沿线国家多项铁路的建设、运营和维护工作，如：安哥拉的本格拉铁路、尼日利亚的阿卡铁路和阿布贾城铁一期、连接吉布提和埃塞俄比亚的亚吉铁路、沙特阿拉伯的麦加轻轨、以色列的红线轻轨等。这些铁路基础设施的建设为当地社会经济发展起到了促进作用。中国铁建在“一带一路”沿线国家的代表性建设项目见表7-5。

表7-5　**中国铁建建设“一带一路”的代表性项目**

序号	国家	区域	年份	项目名称	项目简介
1	吉布提	东非	2018	亚吉铁路	“一带一路”倡议后建成通车的首条跨国电气化铁路，全部采用中国标准和中国装备
2	埃塞俄比亚	东非	2018	亚吉铁路、阿达玛工业园	—
3	俄罗斯	欧洲	2017	莫斯科地铁	莫斯科第三换乘环线4.6公里线路建设，是中国在俄罗斯修建的第一条地铁
4	几内亚	西非	2019	达圣铁路工程项目	达比隆港至圣图矿区铁路工程二标段施工合同，全部采用中国标准、中国技术、中国设备，是中国铁建第一次进入西非几内亚市场

续表

序号	国家	区域	年份	项目名称	项目简介
5	加纳	西非	2019	加纳中线铁路项目	加纳中线铁路一期，线路长约100公里，工期24个月，合同额5亿美元（约合33.53亿元人民币）
6	东帝汶	东南亚	2019	东帝汶港口项目	合同金额9.426亿美元（约合人民币63.27亿）
7	突尼斯	北非	2019	突尼斯外交培训学校项目	总建筑面积12000平米，属于援建项目
8	柬埔寨	南亚	2018	柬埔寨贡布港	相当于在海面上填平近140个足球场的面积
9	巴基斯坦	南亚	2018	拉合尔至木尔坦高速公路	是巴基斯坦政府投资规模最大、线路最长的高速公路项目
10	土耳其	西亚	2014	安伊高铁二期项目	安卡拉至伊斯坦布尔高铁，中国铁建在国外修建的第一条高铁
11	白俄罗斯	东欧	2016	中白商贸物流园1号仓库主体工程	中白工业园是中国在海外最大的产业园区
12	尼日利亚	西非	2010	莱基自贸区、阿卡铁路、阿布贾城铁	占地30平方公里，关于生产制造业、仓储物流业、城市服务业、房地产业的经济特区。阿布贾城铁是西非地区首个城市轨道交通项目
13	斯里兰卡	南亚	2017	斯里兰卡国家医院新门诊楼	援建项目
14	阿富汗	西亚	2019	阿富汗国家职业技术学院项目	援建项目，帮助阿富汗实施职业教育，培养其急需的建筑、工程、机械设备等专业技能人才
15	沙特阿拉伯	西亚	2018	麦加轻轨维保项目、麦麦高铁项目	麦麦高铁中国企业在海外承建的第一条沙漠高速铁路

续表

序号	国家	区域	年份	项目名称	项目简介
16	卡塔尔	西亚	2017	卢塞尔体育场	是一座全新建造的世界杯球场
17	以色列	亚洲	2018	红线轻轨运营维护项目	中国铁建中土集团、深圳地铁集团，与以色列最大公交运营商艾格德巴士公司组成的联营体中标
18	安哥拉	非洲	2015	本格拉铁路项目	采用中国标准在国外一次性建成的最长铁路
19	莫桑比克	东非	2018	农业项目	中非赛赛农业合作项目
20	阿尔及利亚	北非	2020	东西高速公路项目	非洲最大的高速公路项目之一
21	马拉西亚	东南亚	2015	四季酒店项目	吉隆坡四季酒店是马来西亚第二高楼
22	黑山	东欧	2017	铁路修复改造项目	在欧洲使用欧盟资金实施的第一个铁路项目

资料来源：根据相关网站资料整理。

6. 中国中车在“一带一路”建设的投资情况

中国中车作为中国的大型央企，其在“一带一路”沿线国家的国际化主要表现为产品出口和在少数国家建立制造厂生产产品。经过多年的发展，中国中车已经成为了世界铁路机车车辆行业的领导者。自2008年起，中国中车的机车车辆新制造的产品销售收入连续多年位居世界第一。在2014年德国SCI Verkehr公司的报告统计中，目前世界上拥有9大类机车车辆产品。其中，中国中车在电力机车、高速列车、客车、货车和地铁车辆等5类产品的销售处于第一位。如今，中国中车的产品已经出口到了104个国家和地区，在拥有铁路的国家中有83%的国家运行着中国中车的产品。同时，中国中车也通过在国外成立子公司和研发机构的方式不断推动企业技术创新，研制新产品。中国中车积极响应“一带一路”倡议，在倡议提出之后中国中车加大了国际化的步伐。截至2017年4月，中国中车已经成立了

75家海外子公司，其中，有三分之二以上的子公司成立于“一带一路”倡议提出之后。

中国中车在“一带一路”沿线国家的代表性项目见表7-6。“一带一路”倡议提出来以后，中国中车已经在马来西亚、印度、土耳其等国家建立工厂，生产轨道交通产品。同时，中国中车在“一带一路”多个国家主要涉及产品出口和服务出口，这些国家包括马来西亚、印度、土耳其、南非、埃塞俄比亚、马其顿、白俄罗斯、法国和新加坡等。不仅如此，中国中车还积极参与中国在“一带一路”沿线的铁路建设，这些项目包括印尼的雅万高铁、中老铁路、中泰铁路和匈塞铁路等，还参与了非洲的亚吉铁路、蒙内铁路建设。同时，为以上铁路提供了中国中车的机车产品，包括出口印尼的高速动车组、老挝的机车、巴基斯坦的地铁和埃塞俄比亚的轻轨等。中国中车在“一带一路”沿线国家的产品出口推动了东道国的轨道交通升级，带动了当地的就业，提高了当地老百姓的福利。

表7-6　　**中国中车在“一带一路”沿线国家的代表性项目**

序号	国家	年	项目	模式	简介
1	马来西亚	2015	马来西亚中车轨道交通装备有限公司	建立工厂	中车在东盟建立的首个铁路工厂，东盟区域内技术水平最先进的轨道交通制造基地
		2014	城际动车组项目	服务	动车组维保服务
2	印度	2016	印度中车先锋电气有限公司	建立工厂	中车在南亚的首家轨道交通装备制造工厂，主要从事铁路电机的生产制造
		2008	孟买地铁车项目	产品出口	18列108辆宽体车辆订单
3	土耳其	2017	轨道交通制造工厂	建立工厂	为伊斯坦布尔制造出首批地铁车辆，承担其M4线的运营
		2012	现代有轨电车项目	产品出口	5列100%低地板现代有轨电车采购合同

续表

序号	国家	年	项目	模式	简介
4	南非	2014	机车维保项目	服务出口	20.2亿美元的订单
5	埃塞俄比亚	2014	内燃机车出口	产品出口	在亚吉铁路上运行
6	马其顿	2015	动车组出口	产品出口	首列出口欧洲的动车组
7	白俄罗斯	2012	电力机车项目	产品出口	铁路机车装备首次出口欧洲
8	法国	2013	铁路罐车出口	产品出口	首次产品出口欧洲
9	新加坡	2014	无人驾驶地铁车项目	产品出口	中车四方股份公司与川崎重工业株式会社及其新加坡分公司联合中标新加坡陆路交通管理局(LTA)91列364辆无人驾驶地铁车辆项目

资料来源：根据中国中车网站资料整理。

实证分析篇

第八章　中国企业在“一带一路”国际化的影响因素

共建“一带一路”为世界各国发展提供了新机遇，也为中国迎来了国际化的新阶段。习近平主席在第二届“一带一路”国际合作高峰论坛主旨演讲中曾指出：“我们要顺应第四次工业革命发展趋势，共同把握数字化、网络化、智能化发展机遇，共同探索新技术、新业态、新模式，探寻新的增长动能和发展路径，建设数字丝绸之路、创新丝绸之路。”因此，“一带一路”倡议和互联网是当下影响国际化的两股重要力量。

“一带一路”倡议旨在促进亚欧大陆各国之间的“互联互通”，这一国际化倡议在经济上主要表现为 FDI(Foreign Direct Investment，对外直接投资)和国际贸易。“一带一路”倡议和互联网对中国吸引对外直接投资和进出口贸易的影响如何呢？“一带一路”国家和非“一带一路”国家在对华 FDI 和对华贸易方面存在哪些差异呢？“一带一路”倡议提出前后，两种国际化模式分别受到了哪些影响呢？本章将基于以上问题，展开实证研究。

第一节　文献回顾与研究框架

一、“一带一路”倡议与国际化

1.“一带一路”与 FDI

近年来，一些研究分析了在“一带一路”沿线投资的风险、区位选择、投资动机和投资效率等(Liu and Liu，2018；崔娜等，2017；陈涛涛等，2019；宁丹虹和乔元波；2016)。Liu and Liu(2018)认为，中国与“一带一路”沿线国家之间需要清除投资障碍，实现国际投资合作的双赢局面。陈涛涛等(2019)认为，在“一带一路”倡议下，中国作为投资母国时，具有生产优质且相对廉价的工业产品的能力，这些能力构成了中国在“一带一路”沿线一些发展中国家直接投资的所有权优势。他们认为，中国在“一带一路”OFDI 的直接动机主要是市场寻求型和自然资源寻求型投资。一方面，“一带一路”国家对本国基础设施建设、充分利用其丰富的自然资源存在迫切的需求；另一方面，中国企业在过去几十年的快速发展中积累了基础设施建设、自然资源利用方面的经验，正好可以与“一带一路”国家的需求结合起来，实现双方互利共赢。宁丹虹、乔元波(2016)从时间和空间两个维度考察了“一带一路”国家 FDI 流入的演变模式。对中国企业的 FDI 而言，他们认为，应重视区位优势，优先投资 FDI 流入较高的“一带一路”国家。崔娜等(2017)考察了中国在“一带一路”国家 FDI 的投资效率，他们发现，中国对部分国家的 FDI 投资效率较低，效率提升的空间较大；中国在市场规模较大及经济发展水平较低国家的投资效率较高。

东道国制度因素，如是否签订双边投资协定(BIT)、接受国际发展援助情况、产权制度保障、政治稳定、是否签订区域贸易协定等，对中国在“一带一路”地区 OFDI 的影响都成为了近来学界研究的热点(许小平等，2016；Liao et al.，2020；崔娜等，2017)。许小平等(2016)发现，签订双边投资协定(BIT)能够促进中国对“一带一路”沿线国家的 OFDI。Liao et al.(2020)以“一带一路”国家为研究样本，考察了国际发展援助对“一带一路”国家 FDI 的影响。他们的研究结果表明，制度环境能改善国际发展援助对 FDI 的影响，增强“一带一路”国家的 FDI 吸引力。崔娜等(2017)探讨了“一带一路”东道国制度对中国在其 FDI 的投资效率的影响。他们认为，东道国产权制度保障有效、政治稳定以及区域贸易协定的签订有利于中国对外直接投资效率的提升，同时也有利于投资风险的降低。

部分学者分析了中国对“一带一路”FDI 对中国和东道国经济增长的影

响(黄旭东和石蓉荣，2018；刘清杰等，2020；蔡玲和王昕，2020)。黄旭东、石蓉荣(2018)分析了“一带一路”区域的国际贸易和FDI对经济增长的影响。他们认为，中国提升国际贸易力度和扩大对外开放程度有助于中国和“一带一路”沿线国家的经济发展。刘清杰等(2020)探讨了FDI对“一带一路”沿线国家经济增长的空间溢出效应。他们发现，“一带一路”沿线国家吸收的FDI具有显著的本地溢出效应与空间溢出效应。本地溢出效应表现为FDI对本地区经济的正向促进作用，而空间溢出效应则主要发生在地理距离相近的地区之间，FDI的引入有利于促进地理上周边地区的经济增长。蔡玲和王昕（2020)研究发现，“一带一路”国家的经济发展具有较强的空间联系，中国对外直接投资能显著促进沿线国家的经济发展。

中国对“一带一路”国家直接投资对中国的技术进步是否存在影响，也得到了一些学者的关注(吴哲等，2015；杨成玉，2017)。吴哲等(2015)以中国对“一带一路”国家对外直接投资作为主要研究对象展开了实证研究，其结果表明以中国为代表的新兴经济体对外直接投资，特别是对发展中国家直接投资是有利于促进中国的技术进步。杨成玉(2017)研究了中国对“一带一路”国家对外直接投资对母国出口技术复杂度的影响，认为中国对外直接投资对提升服务贸易出口技术的作用效果高于货物贸易。

然而，以上研究都是从中国在“一带一路”FDI的视角出发，分析影响中国FDI的因素和中国FDI可能带来的影响。鲜有从“一带一路”国家的角度，分析影响“一带一路”国家在中国FDI的因素。本研究将比较分析“一带一路”国家和非“一带一路”国家在华FDI的影响因素。

2.“一带一路”与国际贸易

贸易畅通是“一带一路”建设的关键环节。一些学者实证分析了“一带一路”沿线的东道国因素对中国与这些国家之间国际贸易的影响。“一带一路”国家的贸易便利化水平对中国与沿线国家的贸易往来有显著的促进作用(吴兆丹等，2020)。华人移民能促进中国在“一带一路”国家的进出口贸易(刘政等，2019)。同时，能源、交通、通信网络等三类基础设施也对

“一带一路”沿线国家的进出口贸易具有促进作用(胡再勇等，2019)。在经济发展水平较高的“一带一路”国家，制度质量会抑制中国的对外贸易；而在经济发展水平较低的“一带一路”国家，制度质量会促进中国的对外贸易(康益敏等，2019)。“一带一路”国家的技术、自然和劳动力等资源禀赋和制度环境对中国在这些国家直接投资、工程承包合作、进出口贸易等三种主要经贸合作方式的区位选择存在显著的不同影响(尹美群等，2019)。

另一部分学者研究了“一带一路”倡议这一政策对中国对外贸易的影响。“一带一路”倡议通过政策便利、设施联通及文化效应显著提高了中国对外贸易总额，促进了对外贸易畅通(黄华华等，2020)。“一带一路”倡议能促进亚洲国家与中国之间的国际贸易流动(Foo et al.，2019)。

同时，中国与“一带一路”国家之间的因素也可能影响中国与“一带一路”国家的国际贸易。中国与“一带一路”沿线国家之间的双向投资与对外贸易增长之间存在一定的协调关系，实证分析发现“一带一路”沿线不同区域双向投资的协调发展对进出口贸易具有较强的促进作用(韩亚峰，2018)。有必要研究“一带一路”国家的进口需求结构，中国对“一带一路”国家的出口应与这些国家的进口需求保持一致，从而，培育中国的外贸竞争新优势(路丽和胡书金，2018)。

上述研究探讨了东道国因素、“一带一路”倡议、中国与“一带一路”国家之间的因素对中国与“一带一路”沿线国际贸易的影响。毕竟“一带一路”沿线的大多数国家均为发展中国家，“一带一路”倡议提出前后，中国与“一带一路”国家和非“一带一路”国家的国际贸易有何变化，有何不同，还有待进一步展开研究。本章将致力于比较中国与“一带一路”国家和非“一带一路”国家的国际贸易在“一带一路”倡议前后有何变化，受到哪些关键因素的影响。

二、互联网与国际化

1. 互联网与国际贸易

互联网的普及和广泛应用促进了数字经济的发展。当前，在数字经济发展的初期，互联网对国际贸易的影响正在逐渐显现。互联网减少了搜寻成本和沟通成本，缩短了交易的时间，降低了支付成本，减弱了传统贸易中地理距离的影响。数字经济时代催生了跨境电商的发展，阿里巴巴速卖通等跨境电商平台改变了以往传统国际贸易的模式，降低了交易成本。

有关互联网与国际贸易关系的研究多为定性研究，仅仅少数研究对二者的关系进行了定量分析（石良平和王素云，2018；施炳展和金祥义，2019；施炳展，2016；Rodriguez-Crespo et al.，2019；Brynjolfsson et al.，2019；Ma et al.，2019）。石良平和王素云（2018）考察了互联网对中国对外贸易的影响，他们的结论表明，互联网的发展促进了中国贸易的增长，对出口贸易的影响更显著。施炳展和金祥义（2019）发现，与互联网搜索相关的注意力配置会影响贸易规模、贸易结构和贸易模式；注意力配置通过降低不确定性渠道促进国际贸易。施炳展（2016）认为，互联网作为信息平台可以降低交易成本、扩大交易规模、优化资源配置水平。Rodriguez-Crespo et al.（2019）分析了互联网应用对双边国际贸易流动的影响，他们发现互联网的应用对国际贸易具有显著的正的影响。Brynjolfsson et al.（2019）研究了互联网平台上机器翻译对国际贸易的影响。Ma et al.（2019）对数字贸易的政策分析和发展评价进行了研究。

在“一带一路”倡议下，互联网是否显著促进了中国与沿线国家的国际贸易？对于“一带一路”国家和非“一带一路”国家，互联网对国际贸易的影响作用是否会有所不同？本章将对此进行探讨。

2. 互联网与 FDI

现有文献中研究互联网和 FDI 的关系的研究还比较少，仅有少数学者进行了一些尝试。张奕芳（2019）分析了中国各省的互联网建设对 FDI 的影响。实证结果表明，地区互联网建设的推进能够显著促进外商直接投资的增加。董有德和米筱筱（2019）通过实证研究发现，东道国和地区的数字经济发展水平越高，越能增加中国对它们的直接投资。但少有文献从“一带一路”沿线国家的角度，分析这些国家的互联网应用对它们在中国 FDI 的影响。

三、研究框架

本章的研究框架如图 8-1 所示，主要考察"一带一路"倡议和互联网对国际化的影响。这里的国际化主要包括 FDI 和国际贸易。本章旨在比较分析"一带一路"国家和非"一带一路"国家在中国 FDI、与中国之间的国际贸易是否受到以及在多大程度上受到"一带一路"倡议和互联网的影响。

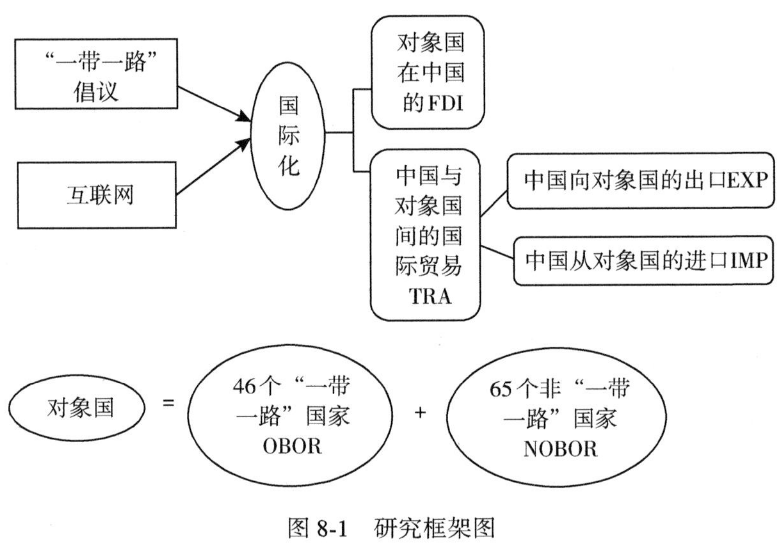

图 8-1　研究框架图

第二节　"一带一路"国家与非"一带一路"国家的互联网和国际化现状

一、在华 FDI

现有的文献大多分析中国在"一带一路"国家的 FDI，而较少研究中国吸引"一带一路"国家在华直接投资的情形。"一带一路"倡议强调中国与

“一带一路”国家之间的互联互通，因此，有必要分析“一带一路”沿线国家在中国直接投资的发展现状。2005—2017 年，46 个“一带一路”国家在华 FDI 呈上升趋势，平均 FDI 从 2005 年的 76.452 百万美元增加到 2017 年的 117.761 百万美元，年平均增长率为 5.77%。然而，2005—2017 年，65 个非“一带一路”国家在华 FDI 却呈下滑态势，平均 FDI 从 2005 年的 485.266 百万美元下降到 2017 年 275.317 百万美元，而且平均年增长率也波动幅度较大，为-3.68%。由此可见，中国吸引的非“一带一路”国家的 FDI 在逐年减少。从图 8-2 可以看出，过去 13 年(2005—2017)，虽然非“一带一路”国家在华平均 FDI 远大于“一带一路”国家，但随着时间的推移，两者的差距在逐年减小。而且，就年平均增长率来看，“一带一路”国家在大多数时间要高于非“一带一路”国家。在 2013 年年末，“一带一路”倡议提出来之后，两者的波动幅度都较大，这也可能是受国际投资形势的影响。

备注：单位为百万美元。

图 8-2　中国吸引“一带一路”国家与非“一带一路”国家在华 FDI 的趋势对比

二、与中国的国际贸易

自“一带一路”倡议从 2013 年 9 月和 10 月提出来后，“一带一路”沿线国家与中国的国际贸易取得了快速发展。2005—2017 年，中国与 46 个“一带一路”国家和 65 个非“一带一路”国家的国际贸易趋势比较相近(如图 8-3 所示)。中国与“一带一路”国家之间的贸易增长率略高于非“一带一路”国家。与“一带一路”国家的平均贸易额从 2005 年的 57. 07 亿美元增加到了 2017 年的 228. 31 亿美元，年平均增长率为 13. 54%；而与非“一带一路”国家的平均贸易额在 2005—2017 年间从 130. 31 亿美元增加到 357. 93 亿美元，年平均增长率为 9. 67%。可见，中国与“一带一路”国家之间的贸易增长高于非“一带一路”国家。

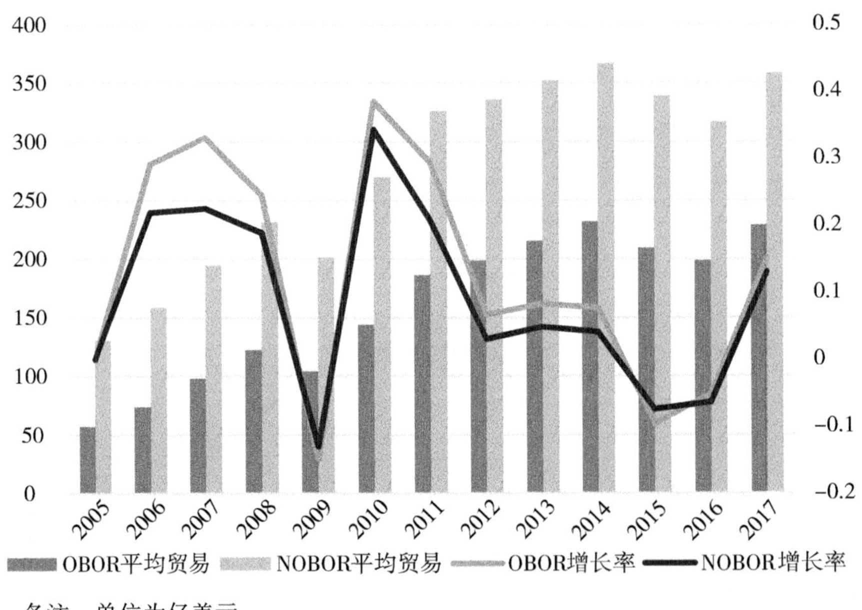

备注：单位为亿美元。

图 8-3　中国与“一带一路”国家与非“一带一路”国家的国际贸易趋势对比

就出口对比而言，中国对“一带一路”国家出口增长率高于非“一带一路”国家(如图 8-4 所示)。2005—2017 年间，中国对“一带一路”国家的出口年平均增长率为 15. 27%，高于非“一带一路”国家的 9. 26%。2005—2017 年，中国对“一带一路”国家出口的动态变化趋势与非“一带一路”国家比较接近，二者的差距在逐渐缩小。

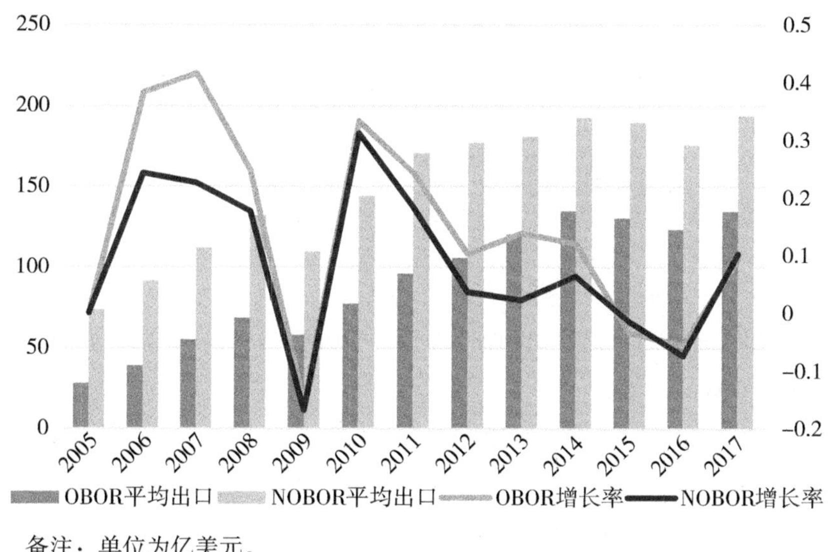

备注：单位为亿美元。

图 8-4　中国对“一带一路”国家与非“一带一路”国家出口的趋势对比

从进口来看，中国从“一带一路”国家进口的年平均增长率略高于非“一带一路”国家，分别为 11. 90%、10. 27%(如图 8-5 所示)。但，中国从非“一带一路”国家的平均进口额远高于“一带一路”国家。两者的差距在逐渐增大，从 2005 年的 27. 69 亿美元增加到了 2017 年的 70. 57 亿美元。可见，这些年中国从“一带一路”国家和非“一带一路”国家的进口实现了同步增长，但中国的进口仍然主要来自于发达国家占大多数的非“一带一路”国家。

三、互联网发展现状

互联网已成为 21 世纪各国经济发展的重要引擎之一。各国的互联网基

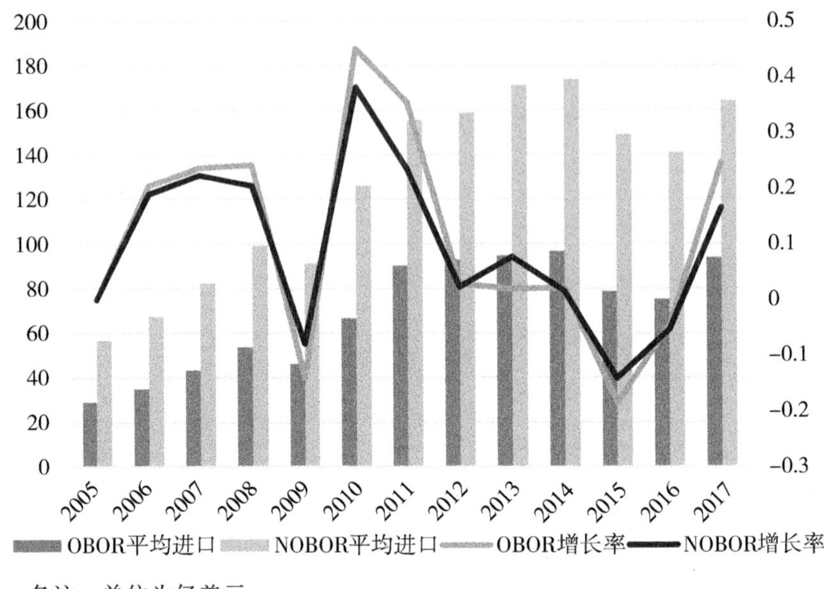

备注：单位为亿美元。

图 8-5　中国从“一带一路”国家与非“一带一路”国家进口的趋势对比

础设施建设状况、互联网普及率等不仅影响这些国家的企业和消费者搜索相关信息的成本，也可能影响它们通过跨境电商加速国际化的发展。对2005—2017 年间 46 个“一带一路”国家与 65 个非“一带一路”国家的总人口中使用互联网的人口比例进行统计分析，发现从 2005 年到 2017 年，“一带一路”国家的互联网普及率出现了快速增长(如图 8-6 所示)。与非“一带一路”国家相比，“一带一路”国家的互联网普及率年平均增长率达 10. 27%，而非“一带一路”国家则为 6. 02%。在 2005 年时，“一带一路”国家的平均互联网普及率与非“一带一路”国家差距较大，分别为 19. 36、30. 89；而到了 2017 年两者已经基本持平，分别为 62. 18、62. 29。可见，这些年“一带一路”国家在互联网基础设施建设，促进本国人口使用互联网方面取得了较大的进展。

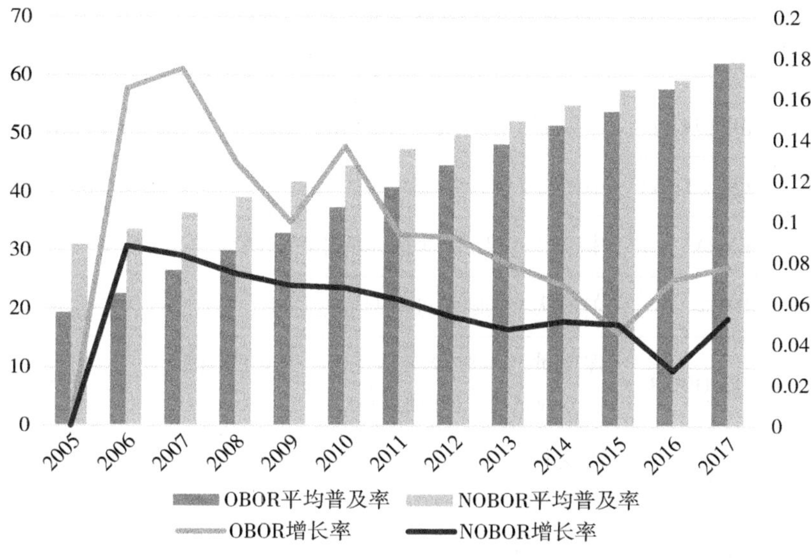

图 8-6 “一带一路”国家与非“一带一路”国家的互联网普及率对比

第三节 变量、指标与数据

本章研究的全样本包括 111 个对象国，其中，“一带一路”国家有 46 个，非“一带一路”国家 65 个。研究的时间跨度为 2005—2017 年共 13 年，本章所研究的数据为面板数据。我们将 2014—2017 年作为战略后期，将 2005—2013 年作为战略前期，进行对比研究。

一、变量、指标与数据

本研究所用到的关键变量、指标衡量和数据来源见表 8-1。

1. 因变量

因变量用四个变量衡量国际化，分别是 FDI、TRA、EXP、IMP。IFDI 表示 111 个对象国对中国的直接投资；TRA 表示中国与对象国之间的国际贸易总额；EXP 表示中国出口到对象国的年度总额；IMP 表示中国从 111 个国家进口的年度总额。数据来源为《中国统计年鉴》。

表 8-1 **关键变量**

	变量	解释	数据来源
因变量	在华 FDI（FDI）	每年 111 个国家流入中国的 FDI	中国统计年鉴
	国际贸易（TRA）	中国与 111 个国家之间的年度贸易总额	中国统计年鉴
	出口(EXP)	中国出口到 111 个国家的年度总额	中国统计年鉴
	进口(IMP)	中国从 111 国家进口的年度总额	中国统计年鉴
自变量	一带一路 OBOR	虚变量，当对象国属于“一带一路”国家，取值 1；其他取值 0。	中国商务部
	时期 POST	虚变量，当时间属于战略后期，取值 1；其他取值 0。	
	互联网 INTER	使用互联网人口占国家总人口的比例	世界银行 WDI 指数
	开放度 OPEN	流入一国的 FDI 占 GDP 总量的比重	世界银行 WDI 指数
	人均 GDP(GDPC)	一国人均 GDP	世界银行 WDI 指数
	总人口 TPOP	一国总人口	世界银行 WDI 指数
	制度距离 IND	111 个国家与中国的政治稳定性指数相差的绝对值	世界银行 WGI 指数

2. 关键自变量

一带一路 OBOR。根据商务部统计数据，除中国外，目前有 64 个“一带一路”国家。由于数据限制，本章仅研究其中的 46 个国家。本章研究的对象国共 111 个，其中，当对象国属于“一带一路”国家时，OBOR＝1；反之，OBOR＝0。

时期 POST。“一带一路”倡议最初由习近平总书记于 2013 年 9 月和 10 月提出。考虑时间的滞后性，我们将 2014—2017 年为“一带一路”的倡议后期。在接下来的双重差分模型中，倡议前期为 2010—2013 年；在固定效应模型中，倡议前期为 2005—2013 年。当时间属于倡议后期时，POST=1；反之，POST=0。

互联网 INTER。借鉴之前学者的研究，使用互联网人口占国家总人口的比例来衡量对象国的互联网普及程度(张奕芳，2019)。数据来源于《世界银行 WDI 指数》。

3. 控制变量

国家开放度 OPEN。由于数据的可得性，本章运用流入对象国的 FDI 占该国 GDP 的比重来衡量，用于阐述对象国的开放程度。数据来源于《世界银行 WDI 指数》。

人均 GDP(GDPC)和总人口 TPOP，用于衡量对象国的经济发展水平和市场规模。

制度距离 IND。用于度量对象国与中国之间的制度距离，用《世界银行 WGI 指数》中对象国与中国之间的政治稳定性指数相差的绝对值表示。

二、描述性分析

研究数据包括 2005—2017 年 13 年间 111 个国家的面板数据，因此，样本观测值数量为 1443。各变量的均值、标准差、最小值和最大值见表 8-2。从对象国流入中国的 FDI，最小值为负，说明该对象国在当年有一部分撤资，而且撤资回流的金额大于流入中国的金额。FDI 的最大值为 16552.44 百万美元。

从国际贸易来看，最小的贸易值和出口值都是 0.000661 亿美元，进口值为 0，说明当年中国仅出口到该对象国而没有从对象国进口。国际贸易、出口和进口的最大值分别为 5840、4300 和 1950 亿美元，可见中国的国际贸易处于贸易顺差的状态。

就互联网普及率而言，最小值为 0.065，说明该国当年 1000 人中仅有 65 人使用互联网；而最大值为 100，说明这个国家几乎所有人都使用互联网。

表 8-2 描述性统计

变量	观测值数量	均值	标准差	最小值	最大值
FDI	1443	315.003	1234.316	-0.18	16552.44
TRA	1443	227.095	564.048	0.000661	5840
EXP	1443	124.78	346.467	0.000661	4300
IMP	1443	102.386	254.855	0	1950
INTER	1443	44.288	29.587	0.065	100
IND	1443	30.425	19.782	0.473	73.459
OPEN	1443	93.093	68.131	0.167	860.8
GDPC	1443	18391.5	21306.57	242.031	118823.6
TPOP	1443	44.898	126.079	0.107	1338.659
POST	1443	0.307	0.461	0	1
OBOR	1443	0.414	0.492	0	1

备注：IFDI 的单位为百万美元，TRA，EXP，IMP 的单位是亿美元。TPOP 单位为百万人。

第四节　双重差分模型与实证结果

为了探讨“一带一路”倡议对中国 FDI 和国际贸易的影响，我们运用双重差分估计方法估计“一带一路”倡议前后对象国在华 FDI、国际贸易的变化。这一估计方法在一些 FDI 的文献中也曾经出现过(Cai et al.，2016；Hanna，2010)。

一、双重差分模型

对 111 个对象国来说，“一带一路”倡议类似于一个自然实验。其中，46 个“一带一路”国家可视为实验组，65 个非“一带一路”国家可作为控制组。非“一带一路”国家因为不受“一带一路”倡议政策的影响而作为研究的基准。本章所研究的“一带一路”和非“一带一路”列表国家如附表 8-1 所示。本部分我们研究的样本包含 2010—2017 年 8 年 111 个国家的数据，所以最终的样本量为 888 个。本章所采用的双重差分模型如(8-1)式所示：

$$Y_{it} = \beta_0 + \beta_1 POST_t * OBOR_i + \beta_2 OBOR_i + \gamma POST_t + \varepsilon_{it} \qquad (8\text{-}1)$$

Y_{it}包括4个因变量，分别是FDI_{it}、TRA_{it}、EXP_{it}、IMP_{it}。其中，FDI_{it}是对象国i对中国第t年直接投资的总额；TRA_{it}是对象国i与中国在第t年的国际贸易总额；EXP_{it}是中国第t年出口到国家i的总额；IMP_{it}是中国第t年从国家i进口的总额。$OBOR_i$是一个虚拟变量，如果对象国属于“一带一路”国家，该值就取1；反之，如果对象国是非“一带一路”国家，该值就取0。$POST_t$是一个时间虚拟变量，如果时间为2014—2017年的战略后期，就取值1；反之，如果时间为2010—2013年的战略前期，就取值为0。交互项POSTt * $OBOR_i$用于解释实验组的政策影响。

二、实证结果

1.“一带一路”倡议对在华FDI的影响

由表8-3可知，在2010—2013年的战略前期，控制组(非“一带一路”国家)与实验组(“一带一路”国家)存在显著的不同，两者相差281.897百万美元，在0.05的显著性水平下显著。中国吸引的来自“一带一路”国家的FDI低于非“一带一路”国家，这是因为46个“一带一路”国家大多为发展中国家，而65个非“一带一路”国家包含较多欧美发达国家(见附表8-1)。在2014—2017年的战略后期，非“一带一路”国家(控制组)与“一带一路”国家(实验组)在中国的FDI也存在显著的差异，两者差异下降为220.176百万美元。不过，与战略前期相比，战略后期两者的差异在缩小。这是因为在“一带一路”倡议提出来之后的四年中，“一带一路”国家和非“一带一路”国家在中国的FDI都下降了，其中，非“一带一路”国家比“一带一路”国家减少得更多。根据经合组织OECD发布的2017年全球“外商直接投资”(FDI)的研究报告，2017年全球FDI流动相较2016年下降了18%，为1.411万亿美元；2016年和2015年全球FDI流动下降了2.3%和2.5%。可见，在全球FDI下降的大环境下，“一带一路”国家对中国的FDI虽有下降，但下降得较少。处理效应($POST_t$ * $OBOR_i$)的系数估计值为61.721，P值为0.665，从统计上看政策处理效应不显著。这可能是我们的数据仅仅研究了2014—2017年等4年的期限，“一带一路”倡议的政策效应在较短的时间内还没有显著性地显现出来。

表 8-3 "一带一路"倡议对中国内向型 FDI 的影响——双重差分法

DIFFERENCE-IN-DIFFERENCES ESTIMATION RESULTS				
Number of observations in the DIFF-IN-DIFF：887				
	Before	After		
Control：	259	260	519	
Treated：	184	184	368	
	443	444		
Outcome Var.	IFDI	S. Err.	| t |	P>| t |
Before				
Control	448.455			
Treated	166.558			
Diff(T-C)	-281.897	110.203	-2.56	0.011**
After				
Control	367.51			
Treated	147.334			
Diff(T-C)	-220.176	90.444	2.43	0.015**
Diff-in-Diff	61.721	142.566	0.43	0.665

R-square：　0.01

* Means and Standard Errors are estimated by linear regression

**Robust Std. Errors

Inference：*p<0.01；**p<0.05；* p<0.1

2. "一带一路"倡议对国际贸易的影响

将模型中的因变量换成 TRA_{it} 后，双重差分模型的实证结果见表 8-4。结果表明，中国与"一带一路"国家(实验组)和非"一带一路"国家(控制组)的国际贸易存在显著的差异。在战略前期(2010—2013 年)，中国与"一带一路"国家之间的国际贸易低于非"一带一路"国家，两者相差 135.066 亿美元。可见，在"一带一路"倡议提出来之前，中国的国际贸易主要分布在与非"一带一路"国家的交易往来中。而在战略后期(2014—2017 年)，两者的差异下降为 128.062 亿美元。值得注意的是，在"一带一路"倡议提出来之后，中国与"一带一路"国家和非"一带一路"国家之间的贸易都出现了增长，而且与"一带一路"国家之间的贸易增长高于非"一带一路"国家。可见，"一带一路"倡议促进了中国与"一带一路"国家之间的贸易增长。但处理效应的系数估计值为 7.004，P 值为 0.927，从统计上看政策处理效应并不显著。这也可能是因为在较短的时间期限内，"一带一路"倡议对国际贸易的政策效应较难从统计上体现出来。

表 8-4 "一带一路"倡议对国际贸易的影响——双重差分模型：基准模型

DIFFERENCE-IN-DIFFERENCES ESTIMATION RESULTS				
Number of observations in the DIFF-IN-DIFF：888				
	Before	After		
Control：	260	260	520	
Treated：	184	184	368	
	444	444		
Outcome Var.	TRA	S. Err.	| t |	P>| t |
Before				
Control	320.938			
Treated	185.872			
Diff(T-C)	-135.066	51.074	-2.64	0.008**
After				
Control	344.908			
Treated	216.846			
Diff(T-C)	-128.062	56.866	2.25	0.025**
Diff-in-Diff	7.004	76.435	0.09	0.927

R-square： 0.01

* Means and Standard Errors are estimated by linear regression

**Robust Std. Errors

Inference：*p<0.01；**p<0.05；* p<0.1

3. "一带一路"倡议对中国出口的影响

为了进一步研究中国对"一带一路"国家和非"一带一路"国家出口的差异，本部分将因变量换成 EXP_{it}，用双重差分法对模型进行估计，模型的实证结果见表 8-5。结果表明，在战略前期(2010—2013 年)，中国对"一带一路"国家(实验组)和非"一带一路"国家(控制组)的出口具有显著的差异，其绝对差异值为 68.302 亿美元，P 值为 0.023，在 0.05 的显著性水平下显著。可见，在"一带一路"倡议提出来之前，中国对非"一带一路"国家的出口高于“一带一路”国家。然而，在战略后期(2014—2017 年)，中国对 46 个“一带一路”国家出口与对 65 个非“一带一路”国家出口之间的差异并不显著，P 值为 0. 122。从表 5 的结果来看，“一带一路”倡议提出来之后，中国对“一带一路”国家和非“一带一路”国家的出口均有所增加，而且对“一带一路”国家的出口增长幅度高于非“一带一路”国家。可见，“一带一路”倡议促进了中国对“一带一路”国家出口的增长。

表 8-5 **“一带一路”倡议对中国出口的影响——双重差分模型**

DIFFERENCE-IN-DIFFERENCES ESTIMATION RESULTS				
Number of observations in the DIFF-IN-DIFF：888				
	Before	After		
Control：	260	260	520	
Treated：	184	184	368	
	444	444		
Outcome Var.	EXP	S. Err.	| t |	P>| t |
Before				
Control	167. 968			
Treated	99. 665			
Diff(T-C)	−68. 302	30. 096	−2. 27	0. 023**
After				
Control	187. 824			
Treated	130. 746			
Diff(T-C)	−57. 078	35. 849	1. 59	0. 112
Diff-in-Diff	11. 225	46. 807	0. 24	0. 811

R-square： 0. 01

* Means and Standard Errors are estimated by linear regression

**Robust Std. Errors

Inference：*p<0. 01；**p<0. 05；* p<0. 1

4. “一带一路”倡议对中国进口的影响

我们将双重差分模型中的因变量变为 IMP_{it}，考察“一带一路”倡议对中国从“一带一路”国家和非“一带一路”国家进口的影响，实证结果见表 8-6。在战略前期(2010—2013 年)，中国从“一带一路”国家进口与从非“一带一路”国家进口存在显著的差异，绝对差异值为 66. 764 亿美元，P 值为

0.007，在0.01的显著性水平下显著。在战略后期(2014—2017年)，中国从“一带一路”进口与从非“一带一路”国家进口的差异在统计上也存在显著性，两者相差70.984亿美元。通过比较发现，“一带一路”倡议提出来前后，中国从“一带一路”国家和非“一带一路”国家的进口额变化不大。可见，“一带一路”倡议对中国进口的影响在短期内比较有限。

表8-6　“一带一路”倡议对中国进口的影响——双重差分模型

DIFFERENCE-IN-DIFFERENCES ESTIMATION RESULTS				
Number of observations in the DIFF-IN-DIFF：888				
	Before	After		
Control：	260	260	520	
Treated：	184	184	368	
	444	444		
Outcome Var.	IMP	S. Err.	| t |	P>| t |
Before				
Control	152.97			
Treated	86.206			
Diff(T-C)	-66.764	24.522	-2.72	0.007***
After				
Control	157.084			
Treated	86.1			
Diff(T-C)	-70.984	24.582	2.89	0.004***
Diff-in-Diff	-4.22	34.722	0.12	0.903

R-square：　0.01

* Means and Standard Errors are estimated by linear regression

**Robust Std. Errors

Inference：*p<0.01；**p<0.05；* p<0.1

第五节　固定效应模型与实证结果分析

一、固定效应模型

为了深入分析“一带一路”倡议、互联网对国际直接投资和国际贸易的影响，我们采用如下固定效应模型进行实证分析：

$$\mathrm{IFDI}_{it} = \beta_0 + \delta_1 \mathrm{INTER}_{it} + \delta_2 \mathrm{OPEN}_{it} + \delta_3 \mathrm{GDPC}_{it} + \delta_4 \mathrm{TPOP}_{it} + \delta_5 \mathrm{IND}_{it} + \varepsilon_{it} \tag{8-2}$$

分别采用在华 FDI_{it}，国际贸易 TRA_{it}，出口 EXP_{it}，进口 IMP_{it} 作为因变量，考察“一带一路”倡议、互联网对中国吸引外资和国际贸易的影响。其中，INTER 表示对象国的互联网普及率，OPEN 表示对象国的国家开放度，GDPC 为人均 GDP，TPOP 为国家总人口数，IND 为中国与对象国之间的制度距离。在该模型中选用 2005—2017 年 111 个国家的面板数据，展开实证研究。其中，“一带一路”国家 46 个，非“一带一路”国家 65 个。在该模型中战略前期为 2005—2013 年的数据；战略后期为 2014—2017 年的数据。

二、实证结果分析

在固定效应模型中，“一带一路”倡议的影响体现在 3 个子样本的研究中，分别是倡议后期子样本 2014—2017 年、46 个“一带一路”国家的子样本 OBOR、兼顾倡议后期和“一带一路”国家的子样本 OBOR/2014—2017。

1.“一带一路”倡议、互联网对中国吸引 FDI 的影响

表 8-7 的实证结果中，列(1)表明对象国的互联网普及率对该国流入中国的对外直接投资具有显著的负面影响。列(4)是关于“一带一路”国家(OBOR)的子样本回归，其结果也同样证实了“一带一路”国家的互联网普及率对这些国家流入中国的国际直接投资呈显著的负面影响。对这些国家而言，国际化的主要方式包括 FDI 和国际贸易。这可能是因为互联网的普及，国际贸易的搜寻成本、沟通成本都大幅降低，促使对象国的更多企业选择国际贸易的形式将产品销售到国外市场，而不是增加在国外(中国)的直接投资。

列(3)显示“一带一路”倡议之后，2014—2017 年制度距离对 111 个国家在华 FDI 具有正的显著性影响。这说明，在国际直接投资中，当对象国

与中国的制度距离越大时，这些国家越倾向于对中国直接投资。由于本章用111个国家与中国的政治稳定性指数相差的绝对值来衡量制度距离。实证结果表明，与中国的政治稳定性程度相差较大的国家，反而更倾向于对中国FDI。

另外，对象国的国家开放度对流入中国的直接投资具有显著性的影响（如列(1)，列(2)，列(5)所示）。值得注意的是，在分时期的子样本回归中，倡议前期(2010—2013年)对象国的国家开放度对流入中国的FDI具有显著的正影响；而在倡议后期(2014—2017年)这一影响变得并不显著。本研究用流入111个样本对象国的FDI占GDP的比重衡量该国的开放度。这说明“一带一路”战略提出来后，流入这些国家的FDI对从这些国家流向中国的FDI没有显著性的影响。在分“一带一路”国家和非“一带一路”国家的子样本中，非“一带一路”国家的开放度对这些国家流入中国的FDI具有正的显著性的影响；而“一带一路”国家的开放度反而对“一带一路”国家流入中国的FDI具有显著的负面效应(列(4))。这可能是因为本章研究的46个“一带一路”国家多为发展中国家，就国家开放度而言，从世界其他国家流入这些国家的FDI占这些国家的GDP的比重偏低，因而这些国家的开放程度相对较低。但随着“一带一路”倡议的提出，这些国家对中国的FDI在持续增加。因而，实证结果证实，开放度较低的“一带一路”国家反而更倾向于响应“一带一路”倡议而增加对中国直接投资。

同时，对象国的人均GDP(GDPC)对这些国家流入中国的FDI具有显著的正效应，在全样本回归(列(1))、子样本倡议前期(2010—2013年)回归(列(2))和分国家子样本的“一带一路”国家回归(列(4))中都得要了一致的实证结果。然而，当将样本聚焦于倡议后期(2014—2017年)的“一带一路”国家时，结果显示，“一带一路”国家在“一带一路”倡议提出来后，其人均GDP反而对这些国家流入中国的FDI具有显著的负面效应(列(6))。这可能是因为大多数“一带一路”国家的人均GDP相对较低，而在“一带一路”倡议提出来后，那些人均GDP较低的国家反而更积极地增加到中国直接投资。因而，在统计上表现出显著地负面效应。

表 8-7　　“一带一路”倡议、互联网对中国内向型 **FDI** 的影响——固定效应模型

	(1)	(2)	(3)	(4)	(5)	(6)
	全样本	2005—2013 年	2014—2017 年	OBOR 子样本	NOBOR	OBOR/2014—2017
INTER	-2.523^{*}	-3.588	-4.764	-1.458^{*}	-3.768	-1.466
	(1.249)	(2.316)	(3.644)	(0.659)	(2.479)	(1.750)
IND	-2.771	-2.765	7.798^{*}	1.530	-3.564	2.433
	(2.450)	(3.890)	(3.209)	(1.518)	(3.959)	(1.770)
OPEN	7.330^{***}	5.799^{***}	2.333	-3.186^{***}	8.744^{***}	1.367
	(0.572)	(0.824)	(3.033)	(0.658)	(0.766)	(1.632)
GDPC	0.0175^{***}	0.0222^{***}	-0.0141	0.0274^{***}	0.00933	-0.00767^{*}
	(0.00423)	(0.00601)	(0.00751)	(0.00296)	(0.00642)	(0.00463)
TPOP	0.932	-0.339	-0.884	-0.146	0.974	1.235
	(2.411)	(4.372)	(10.29)	(1.012)	(9.154)	(4.011)
_cons	-535.4^{***}	-383.0	420.6	149.1	-268.7	46.53
	(156.7)	(243.8)	(601.0)	(108.0)	(320.0)	(321.7)
N	1442	998	444	598	844	184
R-sq	0.130	0.069	0.036	0.187	0.166	0.038

Standard errors in parentheses

* $p<0.05$，**$p<0.01$，***$p<0.001$

2. “一带一路”倡议、互联网对国际贸易的影响

表 8-8 的实证结果表明，互联网对 111 个国家与中国之间的国际贸易具有显著的正影响。本部分以中国与 111 个国家的贸易总量为因变量，总样本回归(列(1))、倡议前期(2005—2013 年)的子样本回归(列(2))、“一带一路”国家的子样本回归(列(4))的结果都一致性地认为，互联网普及率对国际贸易具有显著性的正面影响。值得注意的是，在分“一带一路”国家和非“一带一路”国家的子样本中，互联网仅对中国对“一带一路”国家的国际贸易的影响显著，而对非“一带一路”国家的国际贸易影响并不显著。这可能是因为近年来“一带一路”国家的互联网普及率快速提高，促进了中国与这些国家之间的国际贸易；而非“一带一路”国家的互联网普及率的增长比较缓慢，因此对国际贸易没有比较突出的影响。

制度距离对中国与 111 个国家的国际贸易没有显著的影响。这可能是因为国际贸易不仅包含中国对这些国家的出口，也包括中国对这些国家的进口；如果不分出口和进口，仅仅从国际贸易的整体来看，较难考察制度距离对中国与这些国家之间国际贸易的影响。接下来的部分，我们将分出口、进口来进一步分析。

另外，在倡议后期(2014—2017 年)，111 个国家的开放度对中国与这些国家之间的国际贸易具有明显地促进作用(列(3))。对 46 个“一带一路”国家而言，国家开放度也促进了它们与中国的国际贸易(列(6))。倡议后期全样本中(列(3))国家开放度的系数为 163. 8，倡议后期“一带一路”国家的子样本中(列(6))国家开放度的系数为 183. 6，均在 0. 01 的显著性水平下显著。前者的系数比后者较大，以上结果表明，“一带一路”倡议的提出显著地促进了中国与其他国家，特别是“一带一路”国家之间的国际贸易。

同时，人均 GDP(GDPC)和总人口(TPOP)对中国与 111 个国家的国际贸易具有显著的正的影响。

表 8-8　“一带一路”倡议、互联网对中国国际贸易的影响——固定效应模型

	(1)	(2)	(3)	(4)	(5)	(6)
	Full sample	2005—2013	2014—2017	OBOR	NOBOR	OBOR/2014—2017
INTER	189.5***	197.5***	-16.05	209.0***	7.901	-9.136
	(33.92)	(51.74)	(48.60)	(25.38)	(62.61)	(54.34)
IND	-33.17	116.1	-27.28	-96.29	-2.645	40.48
	(66.52)	(86.85)	(42.79)	(58.48)	(99.91)	(54.95)
OPEN	17.29	5.879	163.8***	9.774	13.72	186.3***
	(15.53)	(18.40)	(40.45)	(25.34)	(19.33)	(50.68)
GDPC	1.242***	1.176***	0.425***	0.695***	1.456***	0.382**
	(0.115)	(0.134)	(0.100)	(0.114)	(0.162)	(0.144)
TPOP	600.2***	784.2***	246.3	356.1***	2650.6***	277.8*
	(65.50)	(97.67)	(137.2)	(38.99)	(231.2)	(124.5)
_cons	-36068.4***	-47483.8***	-3482.9	-22286.3***	-90730.2***	-21020.1*
	(4255.3)	(5442.6)	(8014.9)	(4158.4)	(8076.8)	(9990.2)
N	1443	999	444	598	845	184
R-sq	0.201	0.220	0.102	0.343	0.268	0.179

Standard errors in parentheses

* $p<0.05$, ** $p<0.01$, *** $p<0.001$

3.“一带一路”倡议、互联网对中国出口的影响

接下来探讨“一带一路”倡议、互联网对中国出口“一带一路”国家和非“一带一路”国家的影响。表 8-9 的实证结果表明，互联网对中国出口“一带一路”国家具有显著的正的影响(如列(4)所示)。而且，就全样本的实证分析而言，互联网对中国出口也存在正的显著性影响(列(1))。在“一带一路”战略提出来之前(2005—2013 年)，互联网对中国出口的影响也是正的显著的(列(2))。互联网不仅降低企业出口的搜索成本、交易成本和沟通成本，也促进了中国跨境电商出口的蓬勃发展。

制度距离对中国出口的影响仅仅在倡议前期(2005—2013 年)的子样本中显著，表现出正效应。可见，在“一带一路”倡议实施之前，那些与中国的制度距离越大的国家越能吸引中国的出口(列(2))。这不同于前一部分中制度距离对中国与 111 个国家之间的国家贸易没有显著影响的结果。可见，进一步细化考察中国对 111 个国家的出口后，制度距离在倡议前期表现出明显的出口促进效应。

从倡议后期(2014—2017 年)的子样本(列(3))和“一带一路”国家倡议后期的子样本(列(6))的实证结果来看，对象国的开放度对吸引中国出口具有显著的正的影响。本章用流入对象国的 FDI 占 GDP 的比重来衡量该国的国家开放度。可见，在“一带一路”倡议提出来之后，对象国吸引的 FDI 越多，越能促进中国对它们的出口。

从表 8-9 的实证结果可以看出，人均 GDP(GDPC)和总人口(TPOP)对中国出口具有显著的正的影响。

表 8-9　“一带一路”倡议、互联网对中国出口的影响——固定效应模型

	(1)	(2)	(3)	(4)	(5)	(6)
	Full sample	2005—2013	2014—2017	OBOR	NOBOR	OBOR/2014—2017
INTER	103.4***	103.7***	-12.55	124.2***	-32.47	-18.36
	(20.25)	(28.53)	(25.02)	(14.33)	(37.46)	(27.40)
IND	17.83	114.2*	-19.40	-47.24	54.32	18.27
	(39.71)	(47.89)	(22.03)	(33.02)	(59.77)	(27.71)
OPEN	10.28	4.186	54.38**	8.071	8.633	60.57*
	(9.271)	(10.15)	(20.82)	(14.30)	(11.57)	(25.55)
GDPC	0.523***	0.432***	0.140**	0.324***	0.593***	0.115
	(0.0687)	(0.0741)	(0.0515)	(0.0643)	(0.0970)	(0.0725)
TPOP	478.1***	542.0***	270.4***	320.4***	1806.8***	271.8***
	(39.09)	(53.86)	(70.64)	(22.02)	(138.3)	(62.80)
_cons	-24687.8***	-28704.9***	-2629.3	-20025.7***	-56640.7***	-12171.3*
	(2539.8)	(3001.2)	(4126.2)	(2347.8)	(4832.2)	(5037.2)
N	1443	999	444	598	845	184
R-sq	0.196	0.202	0.079	0.442	0.252	0.180

Standard errors in parentheses

* $p<0.05$，** $p<0.01$，*** $p<0.001$

4.“一带一路”倡议、互联网对中国进口的影响

在考察了“一带一路”倡议、互联网对中国出口的影响之后，本部分将主要讨论二者对中国进口的影响。表 8-10 的实证结果表明，互联网对中国从 111 个对象国的进口具有显著的正效应（列（1））。在“一带一路”战略前期（2005—2013 年），互联网对中国进口也呈现出正的显著性的影响（列（2））；同时，在“一带一路”国家的子样本中，实证结果显示出中国从“一带一路”国家的进口显著地受到互联网的影响（列（4））。本章将使用互联网人口占国家总人口的比例来衡量一国的互联网普及率。可见，当对象国使用互联网的人口占总人口的比例越高，越能吸引中国从这些国家的进口。

与国际贸易一样，对象国与中国的制度距离对中国从对象国的进口没有显著性的影响。

国家开放度（OPEN）仅仅在“一带一路”倡议后期（2014—2017）的子样本（列（3））和倡议后期的“一带一路”国家的子样本（列（6））中存在显著的正效应。该结果与表 8-8 和表 8-9 中国家开放度的实证结果保持一致。这说明“一带一路”倡议提出来之后，流入 111 个国家的 FDI 越多，越能促进中国与这些国家的贸易往来。不仅如此，就单纯的出口和进口而言，“一带一路”倡议发起之后，流入这些国家的 FDI 也促进了中国对这些国家的出口和进口。

同样地，对象国的人均 GDP 和总人口也促进了中国从这些国家的进口增长。

三、内生性问题

为了处理本研究中可能存在的内生性问题，我们用滞后一期的解释变量对模型（2）进行固定效应回归，得到的实证结果与表 8-7—表 8-10 基本一致，说明研究模型中不存在内生性问题。

表 8-10　“一带一路”倡议、互联网对中国进口的影响——固定效应模型

	(1)	(2)	(3)	(4)	(5)	(6)
	Full sample	2005—2013	2014—2017	OBOR	NOBOR	OBOR/2014—2017
INTER	86.14***	93.86***	-3.505	124.2***	-32.47	-18.36
	(16.39)	(27.26)	(33.25)	(14.33)	(37.46)	(27.40)
IND	-50.94	1.933	-7.884	-47.24	54.32	18.27
	(32.14)	(45.76)	(29.28)	(33.02)	(59.77)	(27.71)
OPEN	7.009	1.696	109.4***	8.071	8.633	60.57*
	(7.504)	(9.695)	(27.67)	(14.30)	(11.57)	(25.55)
GDPC	0.719***	0.744***	0.285***	0.324***	0.593***	0.115
	(0.0556)	(0.0708)	(0.0685)	(0.0643)	(0.0970)	(0.0725)
TPOP	122.1***	242.2***	-24.03	320.4***	1806.8***	271.8***
	(31.64)	(51.45)	(93.89)	(22.02)	(138.3)	(62.80)
_cons	-11388.7***	-18793.6***	-853.6	-20025.7***	-56640.7***	-12171.3*
	(2057.1)	(2869.7)	(5484.1)	(2347.8)	(4832.2)	(5037.2)
N	1442	998	444	598	845	184
R-sq	0.181	0.209	0.093	0.442	0.252	0.180

Standard errors in parentheses

* $p<0.05$，** $p<0.01$，*** $p<0.001$

第六节　结论与政策建议

本章基于2005—2017年中国与46个“一带一路”国家和65个非“一带一路”国家之间的面板数据，采用双重差分法和固定效应模型回归的方法从宏观层面分别探讨了“一带一路”倡议、互联网对国际化的影响。本章的国际化主要指对象国流入中国的FDI、中国与对象国之间的国际贸易、中国向对象国的出口及中国从对象国的进口。

一、结论

由双重差分模型的实证结果，我们发现：(1)“一带一路”国家在中国的FDI低于非“一带一路”国家，这可能是因为非“一带一路”国家中包含大量发达欧美国家，从长期的历史角度来看，这些发达国家对中国FDI已经有较长的历史和积累。因此，从短期来看，这些国家仍然是在中国FDI的主力军。值得注意的是，在“一带一路”倡议之后，在全球FDI流动下降的情况下，虽然“一带一路”国家和非“一带一路”国家在中国的FDI都有所下降，但“一带一路”国家下降的幅度较低。(2)在“一带一路”倡议之前，中国的国际贸易伙伴主要是非“一带一路”国家中的发达国家。在“一带一路”倡议之后，中国与“一带一路”国家和非“一带一路”国家之间的国际贸易都出现了增长。其中，与“一带一路”国家之间国家贸易的增长幅度大于非“一带一路”国家。由此可见，“一带一路”倡议促进了中国与“一带一路”沿线国家的贸易往来。(3)就出口而言，中国产品主要流向非“一带一路”国家。“一带一路”倡议之后，中国对“一带一路”国家和非“一带一路”国家的出口均出现了较大的增长。其中，对“一带一路”国家的出口增长高于非“一带一路”国家。(4)在进口方面，“一带一路”倡议前后，中国从两类国家的进口均变化不大。因而，“一带一路”倡议在短期内对中国进口的影响比较有限。

在固定效应模型中，我们同时讨论了“一带一路”倡议和互联网对中国与“一带一路”国家和非“一带一路”国家之间国际化的影响。我们发现：(1)互联网普及率对中国与对象国之间的国际贸易具有显著的促进效应，而对这些国家在中国的直接投资具有负的显著性的作用。由此可见，随着互联网在民众中的普及，国际贸易的搜寻成本、沟通成本都大幅地降低，促使一国的更多企业选择国际贸易的形式将产品销售到国外市场，而不是增加在国外的直接投资。从而，国际贸易对FDI呈现出一定的替代效应。(2)“一带一路”倡议之后，制度距离对111个国家在华FDI具有正的显著性影响；国家开放度对这些国家与中国之间的国际贸易有较强的促进作用。由于国家开放度的衡量指标为流入对象国的FDI与该国GDP的比值。因而，“一带一路”倡议提出来之后，流入111个国家的FDI越多，越能增加中国与这些国家的贸易总量，也促进了中国对这些国家的出口和进口。(3)就“一带一路”国家而言，不同于非“一带一路”国家的开放度对这些国家对华FDI具有显著的正效应；“一带一路”国家的开放度反而对这些国家在华FDI具有显著的负面效应。这可能是因为“一带一路”国家多为发展中国家，从世界其他国家流入这些国家的FDI占这些国家GDP的比重偏低，即：这些国家的开放程度相对较低。随着“一带一路”倡议的提出，这些国家对华FDI在持续增加。因而，开放度较低的“一带一路”国家反而更倾向于响应“一带一路”倡议而增加在华FDI。同时，人均GDP较高的“一带一路”国家越倾向于对华FDI。另外，“一带一路”国家的人均GDP和总人口都对其与中国的贸易往来具有显著的促进作用。(4)当专注考察倡议后期“一带一路”国家的子样本时，我们发现，“一带一路”国家在倡议后期，其人均GDP反而对这些国家对华FDI具有显著的负的影响。大多数“一带一路”国家的人均GDP相对较低，而在“一带一路”倡议提出来后，那些人均GDP较低的国家反而更积极地到中国直接投资。另外，在贸易方面，倡议后期的“一带一路”国家的开放度、人均GDP和人口总数均促进了这些国家与中国的贸易往来。

二、启示及建议

虽然大多数“一带一路”国家为发展中国家，但恰恰是那些与中国制度距离较大的、人均GDP较低的国家越是积极地响应“一带一路”倡议，增加在华FDI。因此，吸引“一带一路”国家在华FDI，在中国“引进来”战略中是一股增长的新生力量。另外，非“一带一路”国家仍然是对华直接投资的主力军，在“稳外资”的发展战略中至关重要。在全球对外直接投资趋缓的大背景下，在世界经济受到全球重大公共卫生突发事件的影响下，吸引“一带一路”国家和非“一带一路”国家企业增加在华投资，建立更加安全、稳定、公开透明、高效的营商环境尤为突出。一方面，促进在华外资企业追加投资额度和规模；另一方面，吸引更多的企业以新的商业模式对华直接投资。“一带一路”倡议旨在促进中国与“一带一路”沿线国家的互联互通，积极吸引这些国家的企业来华直接投资，也有助于“一带一路”战略的实施。

当前，中国的国际贸易伙伴仍然主要是非“一带一路”国家中的发达国家。在稳固与非“一带一路”国家之间贸易的同时，也有待于积极拓展与“一带一路”国家之间的国际贸易往来。关注“一带一路”国家的贸易需求，使中国的进出口与各个“一带一路”国家的贸易需求和贸易结构对接，促进中国与“一带一路”沿线国家的贸易往来增长。在扩大出口的同时，积极扩大进口，进一步促进全球开放合作。积极培育国际贸易的新业态、新模式，促进跨境电商的发展。虽然受到新冠肺炎疫情以及全球经济低迷等不利因素影响，“一带一路”倡议仍然可以通过双边合作、三方合作、多边合作等各种形式解决国际合作中出现的问题，加强信息沟通交流，促进亚欧大陆的协作发展。

重视互联网在国际化中的重要作用。经过这些年的发展，“一带一路”国家与非“一带一路”国家之间的互联网普及率差异在逐渐缩小。以互联网为载体的数字科技正在蓬勃发展。互联网跨境电商的发展进一步降低了贸易成本，移动用户端的普及更是增加了贸易的便利化，提升了中小企业和个体消费者在跨境贸易中的参与度。在充分利用互联网促进国际贸易的同时，也需要注意互联网带来的一系列成本降低现象可能对企业国际化模式选择的影响。当企业通过跨境电商贸易将产品销售到国外市场的成本低于到该国直接投资生产的成本时，就有可能选择国际贸易，而不是对外直接投资。在互联网背景下，国际直接投资作为一种国际化模式可能会受到哪些挑战呢？是否会产生一些新的竞争优势呢？这些都有待于进一步的研究。

加强互联网基础设施建设，促进企业的数字化改革，引导消费者线上消费，有助于克服新冠肺炎疫情影响下的国际化不利因素。当前，以互联网为基础的数字经济正在成为世界经济增长的引擎。互联网应用的发展，也产生了一批与数字经济相关的跨国公司，在互联网平台、数字解决方案、电子商务、数字内容、IT、电信等领域取得了核心竞争优势，并加大了国际化的步伐。在当前形势下，中国需要重视互联网及数字经济对中国企业国际化的影响，促进中国企业尽快实现数字化转型，培育具有国际竞争力的数字跨国企业，在数字经济的浪潮中抢占一席之位。

附表 8-1　**样本中的 46 个“一带一路”国家与 65 个非“一带一路”国家**

“一带一路”国家				非“一带一路”国家			
序号	国家名称（中）	国家名称(英)	国家代码	序号	国家名称（中）	国家名称(英)	国家代码
1	阿富汗	Afghanistan	AFG	1	塞浦路斯	Cyprus	CYP
2	巴林	Bahrain	BHR	2	韩国	Korea, Rep.	KOR
3	孟加拉	Bangladesh	BGD	3	日本	Japan	JPN
4	文莱	Brunei Darussalam	BRN	4	阿尔及利亚	Algeria	DZA
5	缅甸	Myanmar	MMR	5	安哥拉	Angola	AGO
6	柬埔寨	Cambodia	KHM	6	喀麦隆	Cameroon	CMR
7	印度	India	IND	7	冈比亚	Gambia	GMB
8	印度尼西亚	Indonesia	IDN	8	加纳	Ghana	GHA
9	伊朗	Iran, Islamic Rep.	IRN	9	肯尼亚	Kenya	KEN
10	伊拉克	Iraq	IRQ	10	利比里亚	Liberia	LBR
11	以色列	Israel	ISR	11	利比亚	Libya	LBY

续表

“一带一路”国家				非“一带一路”国家			
序号	国家名称（中）	国家名称（英）	国家代码	序号	国家名称（中）	国家名称（英）	国家代码
12	约旦	Jordan	JOR	12	马里	Mali	MLI
13	科威特	Kuwait	KWT	13	毛里求斯	Mauritius	MUS
14	老挝	Lao PDR	LAO	14	尼日利亚	Nigeria	NGA
15	黎巴嫩	Lebanon	LBN	15	塞拉利昂	Sierra Leone	SLE
16	马来西亚	Malaysia	MYS	16	南非	South Africa	ZAF
17	蒙古	Mongolia	MNG	17	苏丹	Sudan	SDN
18	尼泊尔	Nepal	NPL	18	坦桑尼亚	Tanzania	TZA
19	巴基斯坦	Pakistan	PAK	19	突尼斯	Tunisia	TUN
20	菲律宾	Philippines	PHL	20	乌干达	Uganda	UGA
21	卡塔尔	Qatar	QAT	21	赞比亚	Zambia	ZMB
22	沙特阿拉伯	Saudi Arabia	SAU	22	津巴布韦	Zimbabwe	ZWE
23	新加坡	Singapore	SGP	23	比利时	Belgium	BEL
24	斯里兰卡	Sri Lanka	LKA	24	丹麦	Denmark	DNK
25	泰国	Thailand	THA	25	英国	United Kingdom	GBR
26	土耳其	Turkey	TUR	26	德国	Germany	DEU
27	阿联酋	United Arab Emirates	ARE	27	法国	France	FRA
28	越南	Vietnam	VNM	28	爱尔兰	Ireland	IRL
29	哈萨克斯坦	Kazakhstan	KAZ	29	意大利	Italy	ITA
30	塔吉克斯坦	Tajikistan	TJK	30	卢森堡	Luxembourg	LUX
31	埃及	Egypt, Arab Rep.	EGY	31	荷兰	Netherlands	NLD
32	保加利亚	Bulgaria	BGR	32	希腊	Greece	GRC
33	匈牙利	Hungary	HUN	33	葡萄牙	Portugal	PRT
34	波兰	Poland	POL	34	西班牙	Spain	ESP
35	罗马尼亚	Romania	ROU	35	奥地利	Austria	AUT
36	爱沙尼亚	Estonia	EST	36	芬兰	Finland	FIN

续表

"一带一路"国家				非"一带一路"国家			
序号	国家名称(中)	国家名称(英)	国家代码	序号	国家名称(中)	国家名称(英)	国家代码
37	拉托维亚	Latvia	LVA	37	冰岛	Iceland	ISL
38	立陶宛	Lithuania	LTU	38	马耳他	Malta	MLT
39	阿塞拜疆	Azerbaijan	AZE	39	挪威	Norway	NOR
40	白俄罗斯	Belarus	BLR	40	瑞典	Sweden	SWE
41	俄罗斯	Russian Federation	RUS	41	瑞士	Switzerland	CHE
42	乌克兰	Ukraine	UKR	42	阿根廷	Argentina	ARG
43	斯洛维尼亚	Slovenia	SVN	43	巴哈马	Bahamas, The	BHS
44	克罗地亚	Croatia	HRV	44	巴巴多斯	Barbados	BRB
45	捷克	Czech Republic	CZE	45	伯利兹	Belize	BLZ
46	斯洛伐克	Slovak Republic	SVK	46	玻利维亚	Bolivia	BOL
				47	巴西	Brazil	BRA
				48	智利	Chile	CHL
				49	哥伦比亚	Colombia	COL
				50	哥斯达黎加	Costa Rica	CRI
				51	古巴	Cuba	CUB
				52	多米尼加	Dominican Republic	DOM
				53	厄瓜多尔	Ecuador	ECU
				54	墨西哥	Mexico	MEX
				55	巴拿马	Panama	PAN
				56	秘鲁	Peru	PER
				57	圣文森特和格林纳丁斯	St. Vincent and the Grenadines	VCT
				58	乌拉圭	Uruguay	URY
				59	委内瑞拉	Venezuela, RB	VEN
				60	维尔京群岛	Virgin Islands (U. S.)	VIR

续表

“一带一路”国家				非“一带一路”国家			
序号	国家名称（中）	国家名称（英）	国家代码	序号	国家名称（中）	国家名称（英）	国家代码
				61	加拿大	Canada	CAN
				62	美国	United States	USA
				63	澳大利亚	Australia	AUS
				64	瓦努阿图	Vanuatu	VUT
				65	新西兰	New Zealand	NZL

第九章
东道国国家风险与中国在“一带一路”OFDI的抵消策略

“一带一路”沿线大多为发展中国家，处于东西方多个文明的交汇地区，在政治、经济、宗教、民族、种族等方面存在着大量的矛盾冲突。中国企业在“一带一路”国家OFDI(Outward Foreign Direct Investment)必然会遇到许多不确定性因素，可能面临东道国较高的国家风险。在高风险面前，中国企业OFDI是遵循风险规避的常规原则，对“一带一路”地区相对风险较低的国家加大投资，还是“明知山有虎，偏向虎山行”，反而偏好对高风险地区投资呢?

以往经典的国际直接投资理论大多关注发达国家的OFDI研究，而对发展中国家在其他发展中国家OFDI的研究较少。Dunning在折中范式理论中曾将国家的区位优势作为跨国公司对外直接投资的决定因素，但对国家风险与OFDI区位选择的关系关注不多。而且，现有文献主要关注政治风险对中国OFDI的影响，而较少关注经济金融风险、社会文化风险与中国OFDI的关系。“一带一路”沿线国家有着不同的历史、文化、民族、宗教背景，这些差异可能给中国OFDI带来较大的风险。因此，有必要扩展国家风险的内涵，研究政治风险、经济金融风险、社会文化风险对中国在“一带一路”OFDI区位选择的影响。

内部化理论认为，东道国经营环境的不确定性是潜在交易成本的主要来源。跨国公司为了降低较高的潜在交易成本，通常会通过许可经营或产品出口等方式进入风险较高的东道国，而非直接投资，即：东道国较高的国家风险会抑制外商的直接投资。但 Buckley et al.(2007)、Luo et al.(2010)等研究表明，政治不稳定的东道国更能吸引诸如中国等发展中国家的跨国公司。“一带一路”国家的政治不稳定、社会动荡等风险是否更能吸引中国企业的投资呢？如果是，这一反常现象背后的真实原因又是什么呢？

本章将对中国在“一带一路”OFDI 与东道国国家风险的关系进行实证检验，并进一步探讨哪些因素能帮助中国企业抵消在“一带一路”国家 OFDI 的高风险，使中国企业在这些国家投资仍然有利可图。

第一节　文献综述

一、政治风险对国际直接投资的影响

理论界早期关注发达国家在发展中国家的直接投资，普遍认为东道国政治风险会给跨国公司的经营带来不确定性，从而对国际直接投资产生负面影响(Dunning，1998；Baek and Qian，2011；Hayakawa et al.，2013)。发展中国家内部冲突、腐败和制度质量等政治风险不利于国际直接投资的流入(Hayakawa et al.，2013)；政治风险的降低能增加 FDI 流入(Osabutey and Okoro，2015)。部分基于中国 OFDI 的实证研究也发现，东道国的政治风险对中国 OFDI 产生了显著的负面影响(韦军亮、陈漓高，2009；高建刚，2011；王海军，2012)，东道国政治风险越大，中国企业对其直接投资的量越小(潘素昆、代丽，2014)。

然而，随着发展中国家对外直接投资的蓬勃发展，部分研究却认为由于适应了母国腐败、过多行政管制等经营环境，东道国不完善的经济政治制度反而成为发展中国家对外直接投资的优势(Khanna and Palepu，2006)。而且，发展中国家的高政治风险环境反而能吸引 FDI(Chen et al.，2005；Janeba，2002；Okafor et al.，2015)，原因何在？高政治风险会使东道国资

产被过低估值，从而吸引一部分外国投资者(Chen et al.，2005)；为避免与大多数竞争对手的激烈角逐和寻求较低的要素成本，跨国公司可能选择高政治风险的市场投资(Janeba，2002)；来自于新兴市场的跨国公司更倾向于利用欠发达国家的民主原则缺失，当这些国家的民主程度提高时，其FDI流入反而减少(Okafor et al.，2015)。

综上所述，究竟东道国的政治风险对一国OFDI是具有抑制作用还是产生吸引效应，仍存在着争议。而"一带一路"国家较高的政治风险是抑制还是吸引了中国的OFDI，还不得而知。

二、经济金融风险与国际直接投资的关系

少数学者研究了国家经济风险(经济、金融风险)对中国OFDI的影响(胡兵、李柯，2012；王海军、高明，2012)。胡兵和李柯(2012)发现，非洲和拉丁美洲国家的经济风险对中国OFDI没有显著影响；欧美和亚洲国家的经济风险对中国OFDI具有显著的负向影响。然而，王海军和高明(2012)却认为，发展中国家的经济风险对中国OFDI的影响具有显著的正效应，中国在发展中国家的OFDI反而偏向经济风险较高的地区。可见，以往的研究对发展中国家的经济风险对中国OFDI是否产生影响还没有定论。而"一带一路"沿线国大多为发展中国家，因此，有必要通过实证研究揭开"一带一路"沿线国经济金融风险对中国OFDI的影响之谜。

三、社会文化风险与国际直接投资

有关社会文化风险和国际直接投资关系的实证研究较少。孟醒、董有德(2015)发现，在对华友好国家，中国企业OFDI的区位选择表现出风险偏好的特点；而在非对华友好的国家，中国企业如预期般倾向于对低风险国家投资。而且，"一带一路"沿线国家存在不同种族、宗教冲突等社会文化风险，这类风险是否对中国在这些国家的OFDI存在影响？

目前，学术界对"一带一路"国家的各类风险对中国OFDI的影响研究还处于起步阶段，而且大多集中于定性分析。本章将结合"一带一路"国家

和中国的特点及相互关系，并检验“一带一路”沿线的国家风险对中国 OFDI 的影响。

第二节　理论分析与假设

一、中国在“一带一路”OFDI 是否存在风险偏好?

“一带一路”沿线部分国家政局不稳、法律制度不健全、国有化和征收风险高。但是，这些国家通常劳动力成本较低，矿石、石油、天然气等自然资源储量丰裕。中央级国有企业是中国在“一带一路”沿线国家 OFDI 的主力军(王永中、李曦晨，2015)。一方面，中国国有企业在“一带一路” OFDI 中可能表现出较低的政治风险敏感性；另一方面，国有企业存在的政治关联性有助于它们克服东道国较高的政治风险。同时，发达国家的跨国公司为避免政治风险较高的地区而较少对“一带一路”国家 OFDI，从而使得中国企业在该地区获得了发展机遇。由此得到如下假设。

假设 1：中国在“一带一路”地区 OFDI 可能表现为政治风险偏好特征。

经济金融风险直接关系到 OFDI 的收益和回报。资产贬值、结算汇兑转移限制等是在“一带一路”国家 OFDI 频繁遇到的经济金融风险。部分“一带一路”国家经常变动经济政策，盘剥外国投资者的利润。例如，通过行政或法律手段，进行外汇管制或限制外国投资者合法收益转出；或者为保护国内企业利益而采取价格控制、税收歧视等措施；或者在合同纠纷案件中通过法院不公正判决偏袒国内企业(蒋姮，2015)。这些风险不利于中国企业在“一带一路”沿线国 OFDI。由此得到如下待检验假设。

假设 2：“一带一路”地区较高的经济金融风险可能会对中国 OFDI 产生显著的抑制作用。

“一带一路”沿线许多国家在文化、宗教上具有显著的特点。“一带一路”上的东南亚、中亚地区有许多伊斯兰教国家，这些国家比较保守，有许多中国企业不熟悉的文化禁忌。除了伊斯兰教以外，“一带一路”沿线还存在着大量的佛教国家和天主教国家，这些国家对企业也有相应的要求与禁忌。中国企业由于长期处于无神论的市场环境中，可能对当地宗教、文化缺乏敏感性，极易被误解或产生冲突(储殷，柴平一，2015)。中国企业往往倾向于到文化差距较小的东道国投资(Kang and Jiang，2011)。那么，中国在"一带一路"OFDI 是否也偏好于社会文化风险较小的国家呢？本研究的第三个假设。

假设 3：中国企业倾向于在社会文化风险较小的"一带一路"国家 OFDI。

二、抵消中国在"一带一路"OFDI 风险的因素

"一带一路"沿线国家多为发展中国家，其政治风险、经济金融风险和社会文化风险普遍高于欧美发达国家。以往的研究发现，中国企业并不拥有充足的所有权优势和丰富的国际化经验(Lyles et al.，2014)，却并不畏惧进入风险高的国家直接投资(Buckley et al.，2007)。那么，究竟有哪些因素能够帮助中国企业抵消"一带一路"沿线国家的高风险，使得中国企业勇于对其 OFDI 呢？

(1)东道国华人。华裔似乎是促成中国人外向型 FDI 的一个因素(Quer et al.，2012)。Buckley 等(2007) 解释了海外华人的特殊重要性，他们指出海外移民对中国融入世界经济做出了贡献，对中国 OFDI 的东道国选择具有显著的影响。东道国的海外华人能帮助中国企业克服可能的文化障碍(Quer et al.，2012)。既然如此，"一带一路"沿线国的华人能否有助于中国企业克服在"一带一路"OFDI 的高风险呢？因此，本研究的第四个假设。

假设 4："一带一路"国家的海外华人有助于降低东道国国家风险对中国 OFDI 的影响。

(2)自然资源丰裕度。自然资源是中国企业 OFDI 的传统动机，原材料丰富的国家如俄国、哈萨克斯坦等一直是中国企业 OFDI 的主要目的地。"一带一路"沿线国家蕴含丰富的矿产、能源等自然资源，从中国在"一带一路"OFDI 的行业结构来看，占绝对主导地位的是石油、天然气、煤炭为主的能源行业；其次是以铝、铜、钢铁等为主的金属矿石业；不动产、交通分列第

三、第四位，而农业、高科技和化学等其他行业的投资规模都比较小(王永中，李曦晨，2015)。中国对“一带一路”沿线国家的OFDI很有可能是源于其区位优势——丰富的自然资源。因此，提出本研究的第五个假设：

假设5：“一带一路”国家丰裕的自然资源能“屏蔽”在其OFDI的风险，抵消东道国国家风险对中国OFDI的影响。

(3)对华关系。与发展中国家的政治友好关系能为中国企业在这些高风险地区OFDI提供一定的信心和保障。研究发现，中国OFDI具有一定的“外交和政治行为”特征，与中国建交时间较长的发展中国家和地区吸引了中国较多的OFDI(方英、池建宇，2015)。与东道国签订双边或多边条约能为在海外的企业提供外交支持和保护。那么，中国与“一带一路”沿线国的友好程度，对各类风险与中国OFDI区位选择的关系能产生什么影响呢?因此，提出第六个假设：

假设6：与“一带一路”国家的友好关系能抵消东道国国家风险对中国OFDI的影响。

第三节　模型构建与样本选取

一、计量模型构建

为实现本章的研究目的，结合理论分析与假设，在借鉴相关研究(邱立成、赵成真，2012；潘镇、金中坤，2015)的基础上，本部分设定如下基准模型：

$$\mathrm{lnofdi}_{it}=a_1\mathrm{lnpr}_{it}+a_2\mathrm{lnjjr}_{it}+a_3\mathrm{lnswr}_{it}+\theta X_{it}+\mu_i+\varepsilon_{it} \tag{9-1}$$

其中，lnofdi_{it}表示第t年中国对“一带一路”东道国i的对外直接投资存量的自然对数值；lnpr_{it}、lnjjr_{it}、lnswr_{it}分别表示第t年东道国i的政治风险、经济金融风险、社会文化风险指标的自然对数值；X_{it}表示控制变量集，包括中国与东道国的地理距离geod，东道国与中国的贸易联系tra，东道国对外开放度open。μ_i是体现各东道国之间差异的非观测效应，该效应不随时间而变化；ε_{it}是随机误差项。根据数据的可得性，时间跨度选定为2005—2014年。本研究是基于面板数据的实证分析。

在此基础上，本章进一步分析抵消中国在“一带一路”OFDI风险的可能因素，在模型(9-1)中，加入东道国自然资源禀赋lnnat、东道国华人数量lncp和对华关系bit等调节变量及其与关键自变量(政治风险lnpr、经济金融风险lnjjr和社会文化风险lnswr)的交互项，分别对以上交互作用进行检验来验证假设。计量模型如下：

$$\begin{aligned}\text{lnofdi}_{it} = & a_1\text{lnpr}_{it} + a_2\text{lnjjr}_{it} + a_3\text{lnswr}_{it} + \beta_1\ln Z_{it}\times\text{lnpr}_{it} + \beta_2\ln Z_{it}\times\text{lnjjr}_{it} \\ & + \beta_3 Z_{it}\times\text{lnswr}_{it} + \theta X_{it} + \mu_i + \varepsilon_{it}\end{aligned} \tag{9-2}$$

其中，Z_{it}为影响国家风险对OFDI影响的调节变量，即：lnnat_{it}、lncp_{it}、bit_{it}，分别表示“一带一路”国家i在t时期的自然资源禀赋、华人数量和对华关系等。

变量选取、含义及数据来源见表9-1。

表9-1　**变量符号、含义及数据来源**

	变量符号	变量含义	衡量指标	数据来源
因变量	ofdi	中国对外直接投资	中国历年OFDI存量	中国对外直接投资统计公报
关键自变量	pr	政治风险	政治稳定性指数	世界银行WGI
	jjr	经济金融风险	通货膨胀率	世界银行WGI
	swr	社会文化风险	高等教育入学率	UNESCO
控制变量	sca	东道国市场规模	实际GDP	UNCTAD
	dev	东道国发展水平	人均实际GDP	UNCTAD
	geod	中国与东道国的地理距离	中国与东道国首都之间的地理距离	运用www.geobytes.com计算
	tra	东道国与中国的贸易联系	中国对东道国的商品出口/该国商品进口总额	中国统计年鉴、UNCTAD
	open	东道国对外开放度	东道国进出口总额/GDP	UNCTAD

续表

	变量符号	变量含义	衡量指标	数据来源
调节变量	nat	东道国自然资源禀赋	能源产量	世界银行 WDI
	bit	对华关系	表示双方是否签订投资协定；签订投资协定时，取值为 1，否则取 0.	CROIC-IWEP，《中国海外投资国家风险评级报告》
	cp	东道国华人数量	华人华侨总人数	俄亥俄州立大学数据、《华人经济年鉴》等

资料来源：作者整理。

二、样本选取

在"一带一路"战略提出之前，中国部分企业就已经开始了在"一带一路"沿线国家的 OFDI。根据数据的可得性，本章选取 2005—2014 年的时间段，关注中国在 41① 个"一带一路"国家的直接投资，探索这些国家 OFDI 的国家风险如何影响中国企业的区位选择？并试图寻求抵消在这些国家 OFDI 所面临的高风险的策略。基于本章计量模型的构建，变量的描述性统计结果见表 9-2。

① 这 41 个国家分别为阿尔巴尼亚、巴林、孟加拉、白俄罗斯、文莱、保加利亚、柬埔寨、克罗地亚、捷克、埃及、爱沙尼亚、匈牙利、印度、印度尼西亚、伊朗、以色列、约旦、哈萨克斯坦、吉尔吉斯斯坦、拉脱维亚、黎巴嫩、立陶宛、马来西亚、摩尔多瓦、蒙古、阿曼、巴基斯坦、菲律宾、波兰、卡塔尔、罗马尼亚、俄罗斯、沙特阿拉伯、斯洛伐克、斯洛文尼亚、斯里兰卡、叙利亚、泰国、土耳其、乌克兰和越南。

表 9-2 变量描述性统计

变量	观测值	均值	标准误	最小值	最大值
lnofdi	410	8. 5519	2. 6262	2. 3026	13. 6756
lnpr	410	3. 4088	1. 0108	-0. 7514	4. 5566
lnjjr	410	1. 5428	0. 9429	-2. 2397	4. 0813
lnswr	410	3. 6375	0. 6533	1. 2174	4. 5112
lnsca	410	11. 3377	1. 4574	7. 808	14. 5474
lndev	410	8. 6876	1. 1856	5. 9994	11. 4878
lngeod	410	8. 5897	0. 4078	7. 0648	8. 9868
lnopen	410	-0. 0832	0. 4293	-1. 1269	0. 7178
lntra	410	1. 9548	0. 9274	-0. 7493	5. 2859
lnnat	410	1. 8971	2. 6306	-14. 04	4. 5698
lncp	410	8. 9427	3. 4241	2. 3979	16. 05545
bit(虚拟变量)	410	0. 8732	0. 3331	0	1

资料来源：作者整理。

第四节　实证分析与检验

一、基准模型回归分析

本章基准回归采用面板随机效应模型，主要原因为：模型中包含不随时间变化的解释变量，随机效应模型认为表示某些个体特征的但不随时间变化的自变量能够对因变量造成影响，并允许将这类变量引入模型(杨连星等，2016)；本章的样本数据是包含 10 个时间点的短面板数据，采用随机效应模型能够避免自由度的损失。

表 9-3 中(1)列—(3)列分别检验政治风险、经济金融风险、社会文化风险与中国 OFDI 的关系，(4)列检验国家风险(包含政治风险、经济金融

风险、社会文化风险)对中国 OFDI 的影响。

表 9-3　　"一带一路"的国家风险与中国 OFDI(随机效应回归)

模型 变量	(1) 政治风险	(2) 经济金融风险	(3) 社会文化风险	(4) 国家风险
lnpr	-0.1147			-0.1176
	(0.215)			(0.205)
lnjjr		-0.0418		-0.0714
		(0.513)		(0.265)
lnswr			0.8228***	0.7843***
			(0.000)	(0.000)
lnsca	1.3049***	1.3341***	1.3195***	1.2831***
	(0.000)	(0.000)	(0.000)	(0.000)
lndev	0.506***	0.4462***	0.2925*	0.3078*
	(0.001)	(0.004)	(0.076)	(0.059)
lngeod	-2.2902***	-2.2734***	-2.7656***	-2.7433***
	(0.000)	(0.000)	(0.000)	(0.000)
lnopen	0.7938**	0.764**	0.5855*	0.5729*
	(0.012)	(0.016)	(0.065)	(0.069)
lntra	1.485***	1.4878***	1.3365***	1.3309***
	(0.000)	(0.000)	(0.000)	(0.000)
cons	6.5878	6.2964	9.2489*	9.999**
	(0.144)	(0.166)	(0.051)	(0.027)
R-sq	67.93%	68.22%	66%	65.87%
样本量	410	410	410	410

注：*、**、***分别表示在 10%、5%和 1%的统计水平上显著。括号内为 p 值。

资料来源：作者运用 stata 软件计算。

从表 9-3 的回归结果来看，仅有社会文化风险对中国在“一带一路”沿线国家的 OFDI 有显著的影响。由于本章用各国高等教育入学率来衡量社会文化风险，这表明东道国国民的高等教育入学率越高(社会文化风险越小)，中国企业越倾向于在这一类“一带一路”国家 OFDI。这一结果支持了假设 3 的论断。但政治风险、经济金融风险对中国在“一带一路”OFDI 的影响都不显著，不能证实假设 1、假设 2 的论点。就控制变量来看，表 9-3 的实证结果表明，“一带一路”沿线东道国的市场规模、发展水平、对外开放度对中国的 OFDI 具有显著的正效应，这表明市场规模较大、发展水平较高、对外开放程度较高的“一带一路”国家更能吸引中国企业的 OFDI。同时，“一带一路”国家与中国的贸易联系也对中国在这些国家的 OFDI 存在显著的拉动作用，贸易联系越紧密，越能促进中国企业在当地的 OFDI。而中国与这些“一带一路”国家之间的地理距离，由于增加了物流运输成本，对中国在当地的 OFDI 具有显著的抑制作用。

二、内生性检验

本章的回归模型中可能存在内生性问题。通过 Davidson-MacKinnon test of exogeneity 检验，发现解释变量中东道国市场规模 lnsca、东道国发展水平 lndev、东道国与中国的贸易联系 lntra 等三个变量存在着内生性问题。因此，将以上三个变量的滞后一期值作为工具变量，处理基准模型的内生性问题。表 9-4 报告了采用工具变量的模型回归结果。其中，变量的显著性和假设检验与表 9-3 基本一致。这进一步论证了中国在“一带一路”沿线国家的 OFDI 显著地受当地社会文化风险的影响，而对政治风险、经济金融风险的影响并不敏感。

表 9-4　　"一带一路"的国家风险与中国 OFDI（工具变量回归）

变量＼模型	(1) 政治风险	(2) 经济金融风险	(3) 社会文化风险	(4) 国家风险
lnpr	-0. 154			-0. 1527
	(0. 111)			(0. 112)
lnjjr		-0. 0114		-0. 0443
		(0. 861)		(0. 495)
lnswr			0. 5048**	0. 4967**
			(0. 04)	(0. 04)
lnsca	1. 3183***	1. 3528***	1. 3444***	1. 2916***
	(0. 000)	(0. 000)	(0. 000)	(0. 000)
lndev	0. 7139***	0. 6442***	0. 5636***	0. 5765***
	(0. 000)	(0. 000)	(0. 003)	(0. 002)
lngeod	-2. 0491***	-2. 005***	-2. 3896***	-2. 3536***
	(0. 001)	(0. 002)	(0. 001)	(0. 000)
lnopen	0. 7504**	0. 7314**	0. 5869*	0. 5742*
	(0. 025)	(0. 03)	(0. 085)	(0. 091)
lntra	1. 8139***	1. 8281***	1. 6914***	1. 6837***
	(0. 000)	(0. 000)	(0. 000)	(0. 000)
cons	2. 032	1. 334	3. 8339	4. 646
	(0. 69)	(0. 796)	(0. 483)	(0. 38)
R-sq	65. 07%	65. 86%	65%	64. 84%
样本量	369	369	369	369

注：*、**、***分别表示在 10%、5%和 1%的统计水平上显著。括号内为 p 值。
资料来源：作者运用 stata 软件计算。

三、抵消中国在"一带一路"OFDI 风险的因素

尽管从表 9-3、表 9-4 的实证分析中发现，"一带一路"国家较高的政治

风险、经济金融风险对中国企业的 OFDI 并没有显著的影响，但这些风险仍然客观存在，而且“一带一路”国家复杂的社会文化风险已经显著地影响了中国企业的 OFDI 选择。鉴于以上原因，有必要进一步检验是否存在一些因素能抵消中国在“一带一路”国家 OFDI 的风险。

1. 东道国华人

从表 9-5 中(2)列的估计结果看，在考虑了“一带一路”沿线国家的华人数量后，东道国的经济金融风险对中国 OFDI 具有显著的正效应，即：在存在较多华人的“一带一路”国家，经济金融风险越大，中国企业越倾向于在当地投资，从而表现出“风险偏好”的特征。而且，(2)、(4)列中华人数量与经济金融风险交互项的系数均显著为负，这表明华人数量对经济金融风险与中国 OFDI 的关系存在显著的负向调节作用，即：“一带一路”国家的华人能帮助中国企业减弱东道国的经济金融风险对中国 OFDI 的影响。表中(3)列的结果显示，华人数量对社会文化风险与中国 OFDI 的关系也存在显著地负向调节作用。以上实证结果部分地证实了假设 4 的观点。可见，当地华人在中国企业的 OFDI 中起到了重要的作用，他们能帮助中国企业较快地了解当地市场情况、熟悉当地风俗习惯，有效地抵消当地潜在的经济金融风险、社会文化风险对中国 OFDI 可能造成的不良影响。但由于华人较少在“一带一路”国家参政议政，因而，华人对政治风险与中国 OFDI 的关系没有显著的影响。

表 9-5 东道国华人与中国在“一带一路”OFDI 及风险(工具变量回归)

变量 \ 模型	(1)	(2)	(3)	(4)
	政治风险	经济金融风险	社会文化风险	国家风险
lnpr	-0.1744			0.0016
	(0.297)			(0.993)
lnjjr		0.3764**		0.3031
		(0.034)		(0.122)

续表

变量＼模型	(1) 政治风险	(2) 经济金融风险	(3) 社会文化风险	(4) 国家风险
lnswr			4.7632**	1.1796*
			(0.041)	(0.059)
lnsca	1.3488***	1.3474***	1.6159***	1.3387***
	(0.000)	(0.000)	(0.000)	(0.000)
lndev	0.6754***	0.5704***	0.4958**	0.5256***
	(0.000)	(0.001)	(0.048)	(0.005)
lngeod	-2.1371***	-1.9899***	-3.5726***	-2.2994***
	(0.002)	(0.003)	(0.000)	(0.001)
lnopen	0.7603**	0.7016**	0.4354	0.5594
	(0.025)	(0.036)	(0.251)	(0.107)
lntra	1.8092***	1.8308***	1.4146***	1.7233***
	(0.000)	(0.000)	(0.000)	(0.000)
lncp	-0.0493	0.0441	1.3274*	0.383
	(0.648)	(0.574)	(0.084)	(0.138)
lncp×lnpr	0.0052			-0.012
	(0.827)			(0.628)
lncp×lnjjr		-0.0478**		-0.0424*
		(0.019)		(0.055)
lncp×lnswr			-0.3908*	-0.0835
			(0.068)	(0.186)
cons	3.1399	1.5689	-2.7595	0.6758
	(0.581)	(0.776)	(0.068)	(0.913)
R-sq	64.91%	66.25%	57.33%	65.74%
样本量	369	369	369	369

注：*、**、***分别表示在10%、5%和1%的统计水平上显著。括号内为 p 值。

资料来源：作者运用 stata 软件计算。

2. 自然资源禀赋

中国企业在发展中国家 OFDI 的动因之一是寻求关键的自然资源。那么，“一带一路”国家丰裕的自然资源能否抵消国家风险对中国企业 OFDI 的部分负面影响？表 9-6 中(1)列在考虑了东道国的自然资源禀赋后，政治风险对中国在“一带一路”OFDI 的影响变为了正，但不显著。可见，当东道国拥有丰富的自然资源时，中国企业会不畏其较高的政治风险仍然对其投资，表现出“风险偏好”的特征。表中(1)、(4)列自然资源与政治风险交互项的系数显著为负，这表明自然资源禀赋对政治风险和中国 OFDI 具有显著地负向调节作用，即：“一带一路”国家丰富的自然资源禀赋能有效“屏蔽”中国企业在当地 OFDI 的风险，促进中国在当地的投资，该实证结果部分地支持了假设 5 的观点。这可能源于中国在“一带一路”国家进行资源寻求型 OFDI 的企业大多为国有企业，而具有较强政治关联性的国有企业能通过外交关系、政治因素克服东道国较高的政治风险，减弱政治风险对这类 OFDI 的影响。

表 9-6　东道国自然资源禀赋与中国在“一带一路”OFDI 及风险(工具变量回归)

变量 \ 模型	(1)	(2)	(3)	(4)
	政治风险	经济金融风险	社会文化风险	国家风险
lnpr	0.064			0.0485
	(0.667)			(0.74)
lnjjr		0.1235		-0.0943
		(0.94)		(0.264)
lnswr			0.497**	0.4268*
			(0.042)	(0.087)
lnsca	1.3146***	1.2362***	1.3334***	1.2869***
	(0.000)	(0.000)	(0.000)	(0.000)
lndev	0.7342***	0.4986	0.5503***	0.6088***
	(0.000)	0.245	0.003	0.002

续表

变量＼模型	(1) 政治风险	(2) 经济金融风险	(3) 社会文化风险	(4) 国家风险
lngeod	-2.1727***	-1.5907***	-2.3196***	-2.4365***
	(0.001)	(0.006)	(0.001)	(0.000)
lnopen	0.7082**	0.7096	0.5765*	0.533
	(0.034)	0.317	(0.09)	(0.118)
lntra	1.7765***	1.8715***	1.7105***	1.6598***
	(0.000)	(0.000)	(0.000)	(0.000)
lnnat	0.2348*	-0.0426	-0.0056	0.1422
	(0.072)	(0.937)	(0.959)	(0.466)
lnnat×lnpr	-0.0806**			-0.715*
	(0.05)			(0.08)
lnnat×lnjjr		0.0005		0.0211
		(0.999)		(0.429)
lnnat×lnswr			-0.0043	0.0056
			(0.904)	(0.883)
cons	2.395	0.1598	3.5075	4.9364
	(0.643)	(0.989)	(0.507)	(0.357)
R-sq	66.47%	68.63%	65.65%	66.24%
样本量	369	369	369	369

注：*、**、***分别表示在10%、5%和1%的统计水平上显著。括号内为p值。

资料来源：作者运用stata软件计算。

3. 对华关系

投资国与东道国之间的关系可能对企业的OFDI选择产生影响。表9-7中(2)列在考虑了“一带一路”国家的对华关系后，经济金融风险对中国企业OFDI的影响显著为正。这表明，在对华友好的“一带一路”国家，中国企业会不畏较高的经济金融风险，仍然选择对其投资。表中(2)、(4)列对华关系与经济金融风险交互项的系数显著为负，说明对华关系能减弱“一带一路”国家的经济金融风险对中国 OFDI 的影响，部分地支持了假设 6。这可能是因为本章用“双方是否签订投资协定”来衡量“一带一路”国家的对华关系，而投资协定主要与经济金融相关，故有助于抵消中国在“一带一路”国家 OFDI 的经济金融风险。

表 9-7　对华关系与中国在“一带一路”OFDI 及风险(工具变量回归)

模型 变量	(1)	(2)	(3)	(4)
	政治风险	经济金融风险	社会文化风险	国家风险
lnpr	-0.4604			-0.4345
	(0.3)			(0.325)
lnjjr		0.3272**		0.2912*
		(0.043)		(0.068)
lnswr			-0.938	0.3822
			(0.764)	(0.343)
lnsca	1.2509***	1.2892***	1.3767***	1.2099***
	(0.000)	(0.000)	(0.000)	(0.000)
lndev	0.7107***	0.6518***	0.6585***	0.6326***
	(0.000)	(0.000)	(0.000)	(0.001)
lngeod	-2.003***	-2.0177***	-1.9395	-2.3469***
	(0.001)	(0.001)	0.129	(0.000)
lnopen	0.6947**	0.7142**	0.8266	0.5733*
	(0.036)	(0.032)	0.21	(0.093)
lntra	1.8231***	1.8433***	1.8288***	1.7155***
	(0.000)	(0.000)	(0.000)	(0.000)
bit	-0.3688	1.1035***	-3.9231	0.0854
	(0.776)	(0.005)	(0.669)	(0.965)
bit×lnpr	0.3206			0.2698
	(0.468)			(0.538)

续表

变量 \ 模型	(1) 政治风险	(2) 经济金融风险	(3) 社会文化风险	(4) 国家风险
bit×lnjjr		-0. 3901**		-0. 3874**
		(0. 021)		(0. 02)
bit×lnswr			1. 1301	0. 064
			(0. 635)	(0. 864)
cons	2. 824	1. 1222	3. 5831	5. 2756
	(0. 58)	(0. 823)	(0. 546)	(0. 329)
R-sq	67. 30%	67. 56%	64. 64%	66. 30%
样本量	369	369	369	369

注：*、**、***分别表示在 10%、5%和 1%的统计水平上显著。括号内为 p 值。
资料来源：作者运用 stata 软件计算。

四、不同收入东道国与中国在“一带一路”的 OFDI

“一带一路”沿线国家在人均国民收入(GNI)方面存在较大的差异。在不同收入水平的东道国，国家风险对中国企业 OFDI 的影响是否存在差异呢？根据世界银行 2015 年的数据划分标准，本章选取的 41 个“一带一路”国家包括 15 个高收入国家、12 个中高等收入国家和 14 个中低等收入国家①。现按不同收入国家分样本进行实证检验。

① 15 个高收入国家分别为巴林、文莱、克罗地亚、捷克、爱沙尼亚、匈牙利、以色列、拉脱维亚、立陶宛、阿曼、波兰、卡塔尔、沙特阿拉伯、斯洛伐克和斯洛文尼亚；12 个中高等收入国家分别为阿尔巴尼亚、白俄罗斯、保加利亚、伊朗、约旦、哈萨克斯坦、黎巴嫩、马来西亚、罗马尼亚、俄罗斯、泰国和土耳其；14 个中低等收入国家分别为孟加拉、柬埔寨、埃及、印度、印度尼西亚、吉尔吉斯斯坦、摩尔多瓦、蒙古、巴基斯坦、菲律宾、斯里兰卡、叙利亚、乌克兰和越南。

表 9-8　　不同收入东道国、国家风险与中国在"一带一路"的OFDI(工具变量回归)

模型 变量	(1) 高收入国家(g)	(2) 中高等收入国家(zg)	(3) 中低等收入国家(zd)
lnpr	1.0147***	0.4322**	-0.1824**
	(0.001)	(0.038)	(0.036)
lnjjr	-0.0322	-0.06	-0.115
	(0.747)	(0.662)	(0.239)
lnswr	-0.4465	2.0112***	0.8371**
	(0.345)	(0.000)	(0.022)
lnsca	1.9842***	0.942***	0.7992***
	(0.000)	(0.000)	(0.006)
lndev	0.1058	1.2279**	1.5468***
	(0.831)	(0.017)	(0.001)
lngeod	-3.1384	-1.7584**	-2.7453**
	(0.108)	(0.037)	(0.012)
lnopen	0.5986	0.2954	0.3326
	(0.319)	(0.528)	(0.518)
lntra	1.6054***	1.5763***	0.6573
	(0.000)	(0.000)	(0.146)
cons	6.8136	-9.6907	8.5319
	(0.68)	(0.205)	(0.34)
R-sq	80.39%	87.32%	44.52%
样本量	135	108	126

注：*、**、***分别表示在10%、5%和1%的统计水平上显著。括号内为p值。

资料来源：作者运用stata软件计算。

就政治风险而言，从表9-8中(1)、(2)列的回归结果来看，在高收入和中高等收入的"一带一路"国家，政治风险的系数均显著为正，这表明中国OFDI在高收入和中高等收入的“一带一路”国家表现出政治风险偏好特征，即：在政治风险越高的高收入和中高等收入“一带一路”国家，中国企业反而更愿意在其投资，这部分地支持了假设1的观点。而表9-8的(3)列则显示，中国OFDI在中低等收入的“一带一路”国家表现出明显的风险规避效应，即：对于政治风险较高的中低等收入国家，中国企业会避免或减少在其投资。表8中(2)、(3)列的社会文化风险系数显著为正，这表明在中高等收入和中低等收入的“一带一路”国家，居民的高等教育入学率越高(社会文化风险越低)，中国企业越愿意在当地投资。但在三种不同收入水平的“一带一路”国家中，经济金融风险对中国企业OFDI的影响都不显著。

第五节　结论与启示

本章研究发现，中国在“一带一路”沿线国家OFDI显著地受到当地社会文化风险的影响，而对政治风险和经济金融风险的影响不是很敏感；在华人较多的“一带一路”国家，中国OFDI对经济金融风险表现出“风险偏好”的特征，当地华人能帮助中国企业降低经济金融风险、社会文化风险对OFDI的冲击；“一带一路”国家丰裕的自然资源禀赋有助于中国企业特别是国有企业克服较高的政治风险对OFDI的负面效应；良好的对华关系能减弱东道国经济金融风险对中国在“一带一路”国家OFDI的不利影响。而且，在不同收入水平的“一带一路”国家，中国企业OFDI对国家风险表现出不同的特征。在高收入和中高等收入国家，中国企业OFDI对政治风险具有“风险偏好”的特征，而在中低等收入国家则表现出明显的“政治风险规避”特点。在中高等收入和中低等收入国家，中国企业倾向于在社会风险较低的国家OFDI。基于以上结论，本章对中国在“一带一路”国家OFDI提出如下建议：

第一，重视社会文化风险对中国在“一带一路”OFDI的影响。了解“一带一路”各国不同的历史、文化、民族、宗教背景，识别根植于这些国家的社会文化冲突；关注中国与这些国家的文化差异，对外派到“一带一路”

国家工作的管理者及员工进行文化差异培训；对中国企业在“一带一路”OFDI 可能发生的社会文化风险防范于未然；以中国在各国的驻华使馆为纽带，加强中国企业与当地企业、员工及居民之间的文化交流、沟通，使中国企业较快、更好地融入当地社会文化环境，提升中国企业在“一带一路”OFDI 的合法性地位。

第二，充分调动“一带一路”国家华人的积极作用，加强中国企业与当地华人的交流。同为华夏子孙的华裔群体不仅了解中国文化、精通多国语言，而且熟悉“一带一路”国家悠久的文化历史和社会传统，能充当中国与这些国家政策沟通、设施联通、贸易畅通、资金融通、民心相通等“五通”的桥梁。借助当地华人资源，迅速了解当地经济发展状况、市场环境、社会风俗习惯等，有助于中国企业克服在“一带一路”国家 OFDI 的部分经济金融风险和社会文化风险。同时，可以鼓励华裔参政议政，为未来降低中国企业在当地 OFDI 可能的政治风险奠定基础。

第三，提升政治关联性对中国企业资源寻求型 OFDI 的正面影响。一方面，中国 OFDI 企业的高层管理者可以尝试与“一带一路”东道国政府官员建立良好的非正式关系，形成有利于中国企业在当地投资的政治关联性。另一方面，关注中国与“一带一路”国家之间的领导人互访、“一带一路”峰会等外交活动、经济政策和多边联系等，降低“一带一路”部分自然资源丰裕国家的政治不稳定对中国 OFDI 的不利影响。

第四，提高“一带一路”各国的对华友好程度。与更多的“一带一路”国家签订双边投资协定，降低经济金融风险的不利影响。当前，“一带一路”沿线对华友好程度较高的国家有巴基斯坦、俄罗斯、马来西亚等，应充分发挥对华友好程度较高国家的示范引领作用，如“中巴经济走廊”在“一带一路”建设历史中的节点作用等，“以点带面”促进“一带一路”其他国家对华友好程度的提升。随着“一带一路”战略的实施，通过加强与“一带一路”各国的政治互信、经贸往来、文化交流，提升“一带一路”各国国民的对华友好度，这将更有利于未来数十年中国在“一带一路”地区的 OFDI。

参 考 文 献

[1]谭力文，吴先明．国际企业管理[M]．武汉：武汉大学出版社，2009：7.

[2]阎海峰，徐淑英．《国际商务研究》优秀论文集萃：国际化情境下的组织管理研究[M]．北京：北京大学出版社，2014：6.

[3]吴先明．跨国企业：自 Hymer 以来的研究轨迹[J]．外国经济与管理，2019(12).

[4]檀雨灵．“一带一路”背景下华为在哈萨克斯坦的投资环境分析[J]．中国经贸，2018(2).

[5]刘青山．“自讨苦吃” 同仁堂国际化三步走[N]．企业观察报，2015.

[6]魏婧．30 个国家和地区都有了北京同仁堂 芬芳药香飘荡在“一带一路”上[N]．北京晚报，2019.

[7]孙莉．同仁堂：借力“一带一路”开拓海外市场[J]．今日中国，2017.

[8]张原，刘丽．“一带一路”沿线国家劳动力市场比较及启示[J]．重庆工商大学学报(西部论坛)，2017(6).

[9]刘清杰．“一带一路”沿线国家资源分析[J]．经济研究参考，2017(15).

[10]蔡岩红．税收协定护航“一带一路” 帮企业消除重复征税[N]．法制日报，2017.

[11]宋波．中国铝业公司铝土矿对外直接投资策略研究[J]．科学与财富，2020(6).

[12]Johanson，J.，& Wiedersheim-Paul，F. 1975. The internationalization of the firm：Four Swedish cases. Journal of Managements Studies，12(3)：

305-322.

[13] Hallén, L. 1986. A comparison of strategic marketing approaches. In P. W. Turnbull & J. P. Valla (Eds), Strategies for international industrial marketing: 235-249. London: Croom Helm.

[14] Vahlne, J. E., & Johanson, J. 2002. New technology, new business environments and new internationalization processes? In V. Havila, M. Forsgren, & H. Hakansson (Eds), Critical perspectives on internationalization: 209-228. London: Pergamon.

[15] Forsgren, M. 2002. The concept of learning in the Uppsala internationalization process model: A critical view. International Business Review, 11(3): 257-278.

[16] 李婕茜．国家电网有限公司服务“一带一路”建设：中国电网在世界留下更多绿色足迹．国家电网报．2019-04-24.

[17] 国家电网：共建“一带一路”的央企样本．中国经济时报．2019-04-26.

[18] 杜至刚．“一带一路”与中国国家电网公司国际合作的新机遇[J]．国际援助，2015(6).

[19] 张雅伦，杜燕飞．国家电投：践行“一带一路”倡议 推进国际产能合作，人民网，2017 年 05 月 16 日.

[20] 国资委宣传局．国家电网公司参与“一带一路”共建情况[OL]．国资委网站．2017-06-15. http://www.sasac.gov.cn/n4470048/n4470081/n4582104/c4594136/content.html.

[21] 中国石油在一带一路——一带一路全媒体平台[OL]．人民网 http://energy.people.com.cn/GB/71899/412951/.

[22] 梁静．中石化“一带一路”投资超 250 亿美元[OL].北京日报,2019 年 04 月 25 日.https://www.chinanews.com/business/2019/04-25/8819901.shtml.

[23] 赵士振．聚焦“一带一路”| 中国石化全力参与“一带一路”建设[OL]．中国石化报，2019-04-25. https://www.sohu.com/a/310296484_313493.

[24]中国石油化工集团公司．中国石化全力融入“一带一路”建设[OL]．中国国际经济合作学会，2017-05-15. http://cafiec.mofcom.gov.cn/article/zqzhw/201705/20170502574927.shtml.

[25]张雪．中国铁建助推“一带一路”建设合作高质量发展纪实：东方风来满眼春[OL]．经济日报-中国经济网，2019 年 04 月 25 日．http://www.ce.cn/xwzx/gnsz/gdxw/201904/25/t20190425_31943374.shtml.

[26]语谦．中国铁建建设“一带一路”奏响共赢发展崭新乐章[OL]．国务院国有资产监督管理委员会网站．2019-04-26. http://www.sasac.gov.cn/n2588025/n2641616/c11109595/content.html.

[27]李子红．中国铁建：“一带一路”上 我们风雨同舟[OL]．国务院国有资产监督管理委员会网站. 2019-04-30. http://www.sasac.gov.cn/n2588025/n2641616/c14469819/content.html.

[28]蔡玲，王昕．中国跨国投资、生态环境优势和经济发展——基于“一带一路”国家空间相关性[J]．经济问题探索，2020(2).

[29]陈涛涛，金莹，吴敏，徐润，葛逸暄．“一带一路”倡议的合作体系构建与舆论挑战——基于国际直接投资视角的研究[J]．国际经济合作，2019(2).

[30]崔娜，柳春，胡春田．中国对外直接投资效率、投资风险与东道国制度——来自“一带一路”沿线投资的经验证据．山西财经大学学报，2017(4).

[31]董有德，米筱筱．互联网成熟度、数字经济与中国对外直接投资——基于 2009 年—2016 年面板数据的实证研究[J]．上海经济研究，2019(3).

[32]韩亚峰．“一带一路”倡议下中国双向投资与对外贸易增长的协调关系研究[J]．宏观经济研究，2018(8).

[33]胡再勇，付韶军，张璐超．“一带一路”沿线国家基础设施的国际贸易效应研究[J]．数量经济技术经济研究，2019(2).

[34]黄旭东，石蓉荣．“一带一路”区域贸易和 FDI 对经济增长的贡献——

基于 GVAR 模型的研究[J]. 数理统计与管理, 2018(3).

[35]黄华华, 赵凯, 徐圣翔. “一带一路”倡议与沿线国家贸易畅通——基于 2006—2018 年中国对外贸易的双重差分检验[J]. 调研世界, 2020(5).

[36]康益敏, 朱先奇, 李雪莲. 制度质量与中国对外贸易的门槛效应分析——基于“一带一路”沿线国家面板数据[J]. 经济问题, 2019(4).

[37]刘清杰, 任德孝, 刘倩. FDI 对“一带一路”沿线国家经济增长的空间溢出效应——一个基于区域外部性的扩展模型[J]. 云南财经大学学报, 2020(4).

[38]刘政, 任芳好, 蔡宏波. “一带一路”沿线国家和地区华人移民对中国对外贸易的影响研究[J]. 经济纵横, 2019(4).

[39]路丽, 胡书金. “一带一路”沿线国家进口需求变动对中国培育外贸竞争新优势的启示[J]. 宏观经济研究, 2018(3).

[40]宁丹虹, 乔元波. “一带一路”沿线国家吸引 FDI 的时空演变研究[J]. 投资研究, 2016(6).

[41]施炳展. 互联网与国际贸易——基于双边双向网址链接数据的经验分析[J]. 经济研究, 2016(5).

[42]施炳展, 金祥义. 注意力配置、互联网搜索与国际贸易[J]. 经济研究, 2019(11).

[43]石良平, 王素云. 互联网促进中国对外贸易发展的机理分析: 基于 31 个省市的面板数据实证[J]. 世界经济研究, 2018(12).

[44]吴哲, 范彦成, 陈衍泰, 黄莹. 新兴经济体对外直接投资的逆向知识溢出效应——中国对“一带一路”国家 OFDI 的实证检验[J]. 中国管理科学, 2015(23).

[45]吴兆丹, 华钰, 丁小琦. “一带一路”国家贸易便利化对中国外贸的影响[J]. 华东经济管理, 2020(3).

[46]许小平, 陆靖, 李江. 签订双边投资协定对中国 OFDI 的影响——基于“一带一路”沿线国家的实证研究[J]. 工业技术经济, 2016(5).

[47]杨成玉．中国对外直接投资对出口技术复杂度的影响——基于“一带一路”视角[J]．南京财经大学学报，2017(6)．

[48]尹美群，盛磊，吴博．“一带一路”东道国要素禀赋、制度环境对中国对外经贸合作方式及区位选择的影响[J]．世界经济研究，2019(1)．

[49]张奕芳．东道地区互联网建设对 FDI 的影响研究——来自中国的经验证据[J]．中国物价，2019(6)．

[50]Cai, X., Lu, Y., Wu, M., and L., Yu, 2016, "Does environmental regulation drive away inbound foreign direct investment? Evidence from a quasi-natural experiment in China", *Journal of Development Economics*, 123, 73-85.

[51]Brynjolfsson, E., Hui, X., and M. Liu, 2019, "Does Machine Translation Affect International Trade? Evidence from a Large Digital Platform", *Management Science*, 65(12), 5449-5460.

[52]Foo, N., Lean, H. H., and R. Salim, 2020, "The impact of China's one belt one road initiative on international trade in the ASEAN region", *North American Journal of Economics and Finance*, forthcoming.

[53]Hanna, R., 2010, "US environmental regulation and FDI: Evidence from a panel of US-based multinational firms", *American Economic Journal: Applied Economics*, 2(3), 158-189.

[54]Liao, H., Chi, Y., and J. Zhang, 2020, "Impact of international development aid on FDI along the Belt and Road", China Economic Review, 61, 1-17.

[55]Liu, J., and Y. Liu, 2018, "Inquiry into FDI Pattern of China and the Economies along the Belt & Road", Technology and Investment, 9, 161-177.

[56]Ma, S., Guo, J., and H. Zhang, 2019, "Policy Analysis and Development Evaluation of Digital Trade: An International Comparison", China & World Economy, 3, 49-75.

[57]Rodriguez-Crespo, E., Billon, M., and R. Marco, 2019, "Impacts of

Internet Use on Trade: New Evidence for Developed and Developing Countries", *Emerging Markets Finance and Trade*, 1-16.

[58] Baek, K., and X. Qian. An Analysis on Political Risks and the Flow of Foreign Direct Investment in Developing and Industrialized Economies[J]. Economics Management & Financial Markets, 2011, 6(4): 60-91.

[59] Buckley, P. J., Clegg, L. J., Cross, A. R., Liu, X., Voss, H., and P. Zheng. The determinants of Chinese foreign direct investment [J]. Journal of International Business Studies, 2007, 38(4): 499-518.

[60] Buckley, P. J. The strategy of multinational enterprises in the light of the rise of China[J]. Scandinavian Journal of Management, 2007, (23): 107-126.

[61] Cuervo-Cazurra, A., and M. Genc. Transforming Disadvantages into Advantages: Developing-Country MNEs in the Least Developed Countries [J]. Journal of International Business Studies, 2008, 39(6): 957-979.

[62] Chen, D. H., Bin, F. S., and C. D. Chen. The Impacts of Political Events on Foreign Institutional Investors and Stock Returns: Emerging Market Evidence from Taiwan [J]. Social Science Electronic Publishing, 2005, 10(Spring).

[63] Dunning, J. H. Globalization and the new geography of foreign direct investment[J]. Oxford Development Studies, 1998, 26(1): 47-69.

[64] Hayakawa, K., Kimura, F., and H. H. Lee. How Does Country Risk Matter for Foreign Direct In-vestment? [J] The Developing Economies, 2013, 51(1): 60-78.

[65] Holburn, G. L. F., and B. A. Zelner. Political capabilities, policy risk, and international investment strategy: evidence from the global electric power generation industry [J]. Strategic Management Journal, 2010, 31(12): 1290-1315.

[66] Janeba, E. Attracting FDI in a Politically Risky World [J]. International

Economic Review, 2002, 43(4): 1127-1155.

[67]Kang, Y., Jiang, F., FDI location choice of Chinese multinationals in East and Southeast Asia: Traditional economic factors and institutional perspective[J]. Journal of World Business, Vol. 47, 45-53, 2012.

[68]Khanna, T., and K. G. Palepu. Emerging giants: building world-class companies in developing countries[J]. Harvard Business Review, 2006, 84 (10): 133-134.

[69]Kolstad, I., and A. Wiig. What Determines Chinese Outward FDI? [J]. Journal of World Business, 2012, 47(1), 26-34.

[70]Luo, Y., Xue, Q. and B. Han. How emerging market governments promote outward FDI: Experience from China [J]. Journal of World Business, 2010, 45: 68-79.

[71]Lyles, M., Li, D. and H. Yan. Chinese Outward Foreign Direct Investment Performance: The Role of Learning [J]. Management and Organization Review, 2014, 10(3): 411-437.

[72]Okafor, G., Piesse, J. and A. Webster. The motives for inward FDI into Sub-Saharan African countries[J]. Journal of Policy Modeling, 2015, 37 : 875-890.

[73]Osabutey, E. L. C. and C. Okoro. Political Risk and Foreign Direct Investment in Africa: The Case of the Nigerian Telecommunications Industry [J]. Thunderbird International Business Review, 2015, 57(6): 417-429.

[74]Quer, D., Claver, E. and L. Rienda. Political risk, cultural distance, and outward foreign direct investment: Empirical evidence from large Chinese firms[J]. Asia Pacific Journal of Management, 2012, 29: 1089-1104.

[75] Ramasamy, B., Yeung, M. and S. Laforet. China's Outward Foreign Direct Investment: Location Choice and Firm Ownership[J]. Journal of World Business, 2012, 47(1), 17-25.

[76]储殷，柴平一．绸缪“一带一路”五大风险[J]．金融博览，2015，(12)．

[77]方英，池建宇．政治风险对中国对外直接投资意愿和规模的影响——基于实物期权和交易成本的视角[J]．经济问题探索，2015，(7)．

[78]高建刚．经济一体化、政治风险和第三国效应对中国 OFDI 的影响[J]．财贸研究，2011，(5)．

[79]胡兵，李柯．国家经济风险对中国 OFDI 的影响——以东道国经济发展水平为门槛变量的实证分析[J]．广西财经学院学报，2012，(6)．

[80]蒋姮．“一带一路”地缘政治风险的评估与管理[J]．国际贸易，2015，(8)．

[81]孟醒，董有德．社会政治风险与中国企业对外直接投资的区位选择[J]．国际贸易问题，2015，(4)．

[82]潘素丽，代丽．政治风险对中国企业对外直接投资的影响研究[J]．北方工业大学学报，2014，(4)．

[83]潘镇，金中坤．双边政治关系、东道国制度风险与中国对外直接投资[J]．财贸经济，2015，(6)．

[84]邱立成，赵成真．制度环境差异、对外直接投资与风险防范：中国例证[J]．国际贸易问题，2012，(12)．

[85]王海军．政治风险与中国企业对外直接投资——基于东道国与母国两个维度的实证分析[J]．财贸研究，2012，(1)．

[86]王海军，高明．国家经济风险与中国企业对外直接投资：基于结构效应的实证分析[J]．经济体制改革，2012，(2)．

[87]王永中，李曦晨．中国对一带一路沿线国家投资风险评估[J]．开放导报，2015，(4)．

[88]韦军亮，陈漓高．政治风险对中国对外直接投资的影响——基于动态面板模型的实证研究[J]．经济评论，2009，(4)．

[89]杨连星，刘晓光，张杰．双边政治关系如何影响对外直接投资——基于二元边际和投资成败视角[J]．中国工业经济，2016(11)．

[90]Vahlne J E，Johanson J． From internationalization to evolution：The

Uppsala model at 40 years[J]. Journal of International Business Studies, 2017, 48(9): 1087-1102.

[91]Dunning J H. The eclectic (OLI) paradigm of international production: Past, present and future[J]. International Journal of the Economics of Business, 2001, 8(2): 173-190.

[92]Luo Y D, Tung R L. International expansion of emerging market enterprises: A springboard perspective[J]. Journal of International Business Studies, 2007, 38(4): 481-498.

[93]Witt M A. De-globalization: Theories, predictions, and opportunities for international business research [J]. Journal ofInternational Business Studies, 2019, 50(7): 1053-1077.

[94]81家央企在"一带一路"沿线承担项目超过3400个[OL]. 国务院新闻办公室网站. 2020-01-15. http://www.scio.gov.cn/xwfbh/xwbfbh/wqfbh/42311/42422/zy42426/Document/1671948/1671948.htm.

[95]俄罗斯卫星通讯社. 华为集团向俄罗斯提出"老虎"构想[OL]. 走出去导航网. 2020-10-13. https://dy.163.com/article/FOR3NHSB0530W6DQ.html.

[96]徐晶卉. 牛津经济研究院报告：华为去年为欧洲支撑了22.43万个工作岗位[OL]. 文汇报. 2020-11-11. https://dy.163.com/article/FR5NGS7R05506BEH.html.

[97]Vahlne J E, Johanson J. From internationalization to evolution: The Uppsala model at 40 years[J]. Journal of International Business Studies, 2017, 48(9): 1087-1102.

[98]李惠林. 瞄准中小企业痛点，敦煌网跨境B2B走上快车道[OL]. 21世纪商业评论, 2018-07-22. https://baijiahao.baidu.com/s?id=1606668388485422365&wfr=spider&for=pc.

[99]宫宇坤. 全球茶叶生产贸易现状[OL]. 中国农网. 2020-05-20. http://www.farmer.com.cn/2020/05/20/wap_99853152.html.